AF645049

Gunther Emmerlich

SPÄTLESE

Gunther Emmerlich

SPÄTLESE

EINE RÜCKSICHT OHNE VORSICHT

SCHWARZKOPF & SCHWARZKOPF

Für meine Enkelin
Ophelia

INHALT

ERSTES WORT

Wenn ein Buch »Spätlese« heißt, ist der Abstand vom Vorwort zum Nachruf geringer geworden.

»... und irgendwann ist Schluss«, hab ich oft nach schönen Momenten ebenso gedacht wie nach Augenblicken, auf die ich gern verzichtet hätte. Logisch, ein wenig traurig, gar schlicht sind solche Überlegungen allemal, aber ebenso unabwendbar. Etwas Neues zu beginnen vertreibt die böse Ahnung und lässt sie in weite Ferne rücken. Ein Buch zu lesen wäre so ein Anfang, ein Buch zu schreiben erst recht. Dieses Buch hätte ich auch geschrieben, wenn es keiner gekauft, verschenkt oder verborgt hätte, aber schön, dass Sie es in den Händen halten. Sie hat es nur um 17,90 Euro erleichtert. Was ich mir hier von der Seele geschrieben habe, ist mit 17,90 Euro nicht zu beziffern.

Geschwätzigen Menschen muss man nicht sagen, dass sie sich etwas von der Seele reden sollen, sie machen es ohnehin. Oft ohne auf die Belastbarkeit der Seelen ihrer Zuhörer Rücksicht zu nehmen. Wer alles in sich hineinfrisst, leidet womöglich irgendwann an seelischer Verstopfung. Wenn potenzielle Zuhörer grad mit anderen Dingen oder mit sich selbst beschäftigt sind, ist Papier ein geduldiger Ersatz, dem man alles anvertrauen kann. In der Schule musste ich einmal 50 Mal schreiben: Gunther stört den Unterricht. Das hat mich weder erleichtert, noch die nächste Störung verhindert.

Gedanken anderer zu lesen kann erhellend sein. Eigene Gedanken zu formulieren befreit und erfreut. Wenn es bei der Lektüre dieses Buches mit der Erhellung nichts werden sollte, dann warten Sie auf den Sonnenaufgang ...

Gunther Emmerlich

VORWORT

Gedanken über meinen Freund, der mich einen seiner ältesten Freunde nennt.

»... eines Freundes Freund zu sein«, jubeln Schiller und Beethoven in der Neunten Sinfonie mit den Vorworten »Wem der große Wurf gelungen ...«. Seit unserer ersten Begegnung 1967 an der Franz-Liszt-Hochschule in Weimar als Gesangsstudenten ahnte ich, dass Gunther mir physisch und künstlerisch-sängerisch überlegen sein könnte.

Das war ein nicht unwesentlicher Grund, ihn näher zu betrachten. Darin lag schon ein Grundstein von neugieriger Zuwendung, der der Beginn unserer Freundschaft werden sollte.

Als Erstes fiel mir an ihm seine energiegeladene Wahrnehmung der verbalen Realität um ihn herum auf, die er gern mit einem »Sahnehäubchen« eigenen Humors kommentierte. Dieser Humor war und ist bis heute feinsinnig witzelnd bis tiefgründig heiter, aber nie flach oder verletzend. Und um es vorwegzunehmen, zu diesem Humor haben wir uns das jugendliche Blödeln von damals bis heute über 50 Jahre bewahrt und gedenken, es auch weiterhin zu tun Was muss er schon alles erlebt haben, dass er so blitzgescheit mit sonor beherrschter Stimme souverän leicht über den Dingen stehend wirkt. Er ist von einer beneidenswert ansteckenden Aura der Heiterkeit umgeben, mit der er sich auf die Suche von Lösungen alltäglicher und weltbewegender Dinge begibt.

Dass unsere emotionalen Entscheidungen schneller sind als unsere Ratio, die die Klarheit des Gedankens mit einbringen möchte, deutet darauf hin, dass wir, um uns in den Griff zu bekommen, auf ein reelles kommunikatives Gegenüber angewiesen sind. Dieser lebendige Spiegel, der eine Selbstjustierung erst möglich macht, scheint ein wesentlicher

Freundschaftsdienst zu sein. Das bedeutet ein gegenseitiges, rücksichtsvolles Aufeinanderzugehen ohne vorschreibend zu verletzen, wie es auch im *Kleinen Prinzen* Exupéry beschreibt: »Sich jeden Tag ein Stück näher setzen.« Ein Vorgang, der sich im sensitiven, mentalen Unterbewusstsein einpegelt und zum Glück wenig vom Willen beeinflussbar ist. Das scheint der »große Wurf« zu sein, von dem Schiller spricht.

Wenn schon die alten Griechen fordern: »Erkenne dich selbst!« und das deutsche Sprichwort ergänzt: »Andere versteht, wer sich selbst kennt«, so sind dies kluge Sätze, die aber nicht den wahren Weg aufzeigen in den täglichen Ablenkungen und Manipulationen, durch die die Menschen verführt, gedemütigt, entmündigt oder zur Masse gemacht werden mit digitalen Zeitverlusten und Abschottungen. Wenn »die Wahrheit im Frieden liegt«, wie Papst Benedikt sagt, dann ist klar, dass wir nur über tägliche Wahrhaftigkeit Frieden finden, den wir zur Gelassenheit und Ruhe für die menschliche Vernunft im Zusammenleben benötigen.

Das alles vermutete ich schon in meinen jungen theologischen Gedankenspielen und hatte in Gunther jemanden gefunden, der sich schon auf diesem Weg befand. Dieser Mensch, der optisch, akustisch und mental schwer als »deutscher Normalbürger« einzuordnen ist, obwohl er aus der ostthüringischen Kleinstadt Eisenberg stammt, interessierte mich immer mehr und führte zu einem ersten Schlüsselerlebnis: Meine Eltern hatten einen gebrauchten, aber noch schönen, Wintermantel aus einem Westpaket meines Onkels, der mir viel zu groß war. Dieser Mantel brachte mich auf die Idee, Gunther zu meiner Familie nach Breitenworbis einzuladen. Der Mantel passte ihm perfekt, und ich glaube, er fühlte sich nicht nur in dem Mantel, sondern auch in unserer Familie wohl. Meine Mutter freute sich mit ihm und umarmte ihn herzlich. Diese Freude war auch deshalb bei ihm so groß, weil Übergrößen in der DDR große Mangelware waren.

In den folgenden Jahren war er regelmäßig bei uns zu Hause, und ich glaube, er fühlte sich auch wie zu Hause. Als nach Jahren meine Mutter einen schweren Schlaganfall erlitt, war Gunther der erste Nichtverwandte, der sie im Krankenhaus besuchte. Da war er schon berühmt und wurde von der Schwester Oberin auf einen Kaffee in das Gästezimmer gebeten, wo er ihr verdeutlichte, wie sehr ihm meine Eltern am Herzen lägen.

Wenn unterschiedliche Verhaltensmuster eine Rolle spielen, dann haben wir bei den angeborenen einige Gemeinsamkeiten: Unsere Stimmlage ist Bass, unser Gemüt ist heiter, er hat evangelisches, ich katholisches Gottvertrauen. Was die prägenden Einflüsse und Muster in unserer Kindheit waren, so sind sie doch sehr unterschiedlich:

Während meine Kindheit bis 18 eine völlig behütete zwischen fünf Geschwistern, Haus, Hof, Garten, Hund, Hühnern und Katzen war, musste Gunther damit leben, dass er seinen Vater, der im Krieg blieb, nie kennenlernte, dass er seine Mutter nach langer schwerer Krankheit im elften Lebensjahr verlor und dass zum Glück seine gerade volljährig gewordene Schwester ihn vor dem Waisenhaus bewahren konnte. In seinem jugendlichen Erwachsenwerden war er immer größer als seine Altersgenossen und wirkte dadurch älter. Deshalb erwartete man von ihm erwachsenes Verhalten, obwohl er noch Kind war. Die Kindheitsverluste elterlicher Güte, Liebe und Zuneigung bei aller Wertschätzung der schwesterlichen Fürsorge sind wohl der Schlüssel zu Gunthers tiefen Erfahrungen, die er mit außergewöhnlich kraftvollem Lebenswillen und energiegeladen in verschiedenen künstlerischen Bereichen für sich erschlossen hat.

Wie auch in den ersten beiden viel beachteten Büchern zeigt sich auch in diesem dritten Buch seine heitere und lebensbejahende Weisheit und literarische Begabung tiefgründig, auch melancholisch mit spürbarer Lust am Schreiben. Gunther ist bei allen Schicksalsschlägen und Verletzungen im Seelischen eine bewundernswerte, angenehme Künstlerpersönlichkeit geworden, die beeindruckend ihre verschiedenen Talente zum Tragen bringt. Gerade sein neustes Bühnenprogramm *Die Welt und ich – 70 Jahre Emmerlich* zeigt wohl einen der vielseitigsten Sänger Deutschlands mit stilistisch sicherem Gefühl. Er nimmt sein Publikum auf die heiterste und unterhaltsamste Weise mit auf seinen Lebensweg, der auch ein Teil des Lebensweges seiner Zuhörer ist.

Ob Zeit Wunden heilt oder ob Zeit mit Gunther etwas Relatives ist, weil er alles, was er tut, sehr intensiv meistert, z.B. Kochen, Tischtennis- und Bocciaspielen, bleibt sein Geheimnis. Ich weiß immer nicht, ob er meine Zeit nimmt oder ob er sich Zeit mit mir nimmt. Auf jeden Fall ist Zeit mit ihm nie vertane Zeit.

Cervantes' La-Mancha-Credo »Das Leben nicht zu nehmen, wie es ist, sondern wie es sein sollte« hat er mit zunehmendem Alter immer bewusster gelebt. Das brachte ihn mit der DDR-Wirklichkeit in große Konflikte, die er mit offener Standhaftigkeit unduldsam durchlebte (Armee, U-Haft und zunächst kein Reisekader der Staatsoper Dresden).

Auch im von uns gewünschten wiedervereinigten Deutschland blieb und bleibt er ein streitbarer Realist in Kunst und Leben. Die entscheidende Erkenntnis, dass alles im Leben und was wir tun am seidenen Faden hängt und sensibel behandelt werden muss, hat er sich als heiter-künstlerische Maxime zu eigen gemacht.

Für ihn gilt die Künstlererkenntnis von Michelangelo: »Der geht noch nicht im Rock des Eingeweihten, der nicht bis an die Grenzen geht von Kunst und Leben.« In diesem Sinne wünsche ich ihm weiterhin als sein Freund, langjährig, Heiterkeit bei allem Tun auch zu unser aller Freude.

Hugo Wieg

1

AFFENTHEATER

Es gibt Engländer
Rheinländer
Holländer
Ausländer
Alte Länder
Neue Länder
Grönländer
Große Länder
Kleine Länder
Neufundländer
Neufünfländer
Treppengeländer
und Österreicher

Und überall gibt es
Schlauköpfe
Dummköpfe
Hohlköpfe
Kohlköpfe
Hitzköpfe
Schwachköpfe
Sturköpfe
Spargelköpfe
Brückenköpfe
und Oberhäupter

Diese Großkopferten und Schwachmaten trennen
Grenzen
Religionen
Ideologien
Ozeane
Mauern
Stacheldrähte
und Gartenzäune

Der kleinste gemeinsame Nenner ist unsere Ähnlichkeit mit den Affen. Der Unterschied zu deren Genen beträgt schlappe 1,5 Prozent. Das heißt, die Gemeinsamkeiten liegen bei 98,5 Prozent. Wir Menschen wollen das nicht wahrhaben, den Affen ist das wahrscheinlich ziemlich schnurz. Eine schlimme Vermutung ist mittlerweile zur erschütternden Gewissheit geworden: Die Gene der männlichen Menschen sind den Genen der Affen noch ähnlicher als die Gene der weiblichen Menschen. Mit anderen Worten: Der Mann ist einem Schimpansen ähnlicher als seiner Frau. Das erklärt manches.

Da ursprünglich alles Leben aus dem Wasser kam, möchte ich nicht wissen, wie viel Erbgut wir noch vom Ochsenfisch und von der Seekuh haben. Wenn ich mich so umgucke – auch im Spiegel –, ahne ich Furchtbares. Bei diesen Voraussetzungen ist es ein Wunder, dass die Menschheit in technischer und kultureller Hinsicht auf so unglaubliche Erfolge verweisen kann. Da diese Erfolge unsere Affenähnlichkeit nicht im Geringsten verändert haben, wissen wir, warum die Welt so ist, wie sie ist. Sich dieser Ursprünge zu erinnern, ist auch insofern hilfreich, da Affen friedfertige Leute sind, die sich sogar um die Laus im Pelz der anderen kümmern, die sie zum Fressen gern haben.

Den Affen gegenüber nennt man uns vernunftbegabte Wesen. Trotz gewisser Teilerfolge gilt es, diesen Beweis noch zu vollenden. Wenn's geht, mit affenartiger Geschwindigkeit.

2

DIE KLEIDCHENROLLE

Hosenrollen für Sängerinnen kennt man. Cherubin in *Die Hochzeit des Figaro* und Oktavian in *Der Rosenkavalier* sind in Hosen singende Damen, die Männer verkörpern. Männer, die Frauen darstellen, also gewissermaßen Kleidchenrollen für Sänger, sind eher unbekannt. In ganz wenigen Opern gibt's so was. Die Frau eines Hausherrn wird von einem Bass gesungen, wahrscheinlich, um deutlich zu machen, wer im Haus die Hosen anhat. Der Hausherr ist dann natürlich ein Tenor. Bei den Hosenrollen der Damen ist ein gewisser Liebreiz durchaus nicht zufällig. Kleidchenrollen der Herren führen so etwas nicht im Schilde. Egal welcher sexuellen Orientierung man angehört, dieser Anblick törnt nicht an. Ein Liebreiz ist nicht zu erkennen. »Der Tanz der kleinen Schwäne«, vorgetragen von der männlichen Chefetage einer Untertrikotagenfirma zu deren 175-jährigem Betriebsjubiläum, hat eine ähnlich sexuell verheerende Wirkung. Lustvolle Gedanken gehen hier bestenfalls in die Richtung Skatabend oder Vatertagsausflug. So gesehen ist es auch logisch, dass die Hexe in Humperdincks Kinderoper *Hänsel und Gretel* von einem Mann gesungen wird. Von einem Tenor natürlich.

In einer Kammeroper spielte ich einst solch eine Kleidchenrolle. Nun gut, man konnte es schon Kleid nennen, was ich da anhatte. Jedenfalls stand ich im weiblichen Kostüm und ebensolcher Maske kurz vor der Vorstellung beim Pförtner, um die Post für Herrn Emmerlich abzuholen. Ein Familienangehöriger eines Theatermitarbeiters ging an mir vorbei, guckte verdutzt und dann noch mal zu mir und sagte: »Ei Gott, Frau Emmerlich, jetzt hätte ich Sie fast mit Ihrem Mann verwechselt.«

3

SEITENWECHSEL

Lehrer waren irgendwann Schüler, Meister, Gesellen, Profis, Amateure, Schwimmer, Nichtschwimmer und Leser Analphabeten. (Nehmen Sie's bitte nicht persönlich.) Dass Regisseure irgendwann mal singen, ist kaum zu befürchten, dass aber Sänger Regie führen, ist nicht gänzlich ausgeschlossen und kann gegebenenfalls vom Gesetzgeber kaum verhindert werden. Diese Gesetzeslücke habe ich genutzt und ein Angebot des Theaters Vorpommern (Stralsund/ Greifswald/ Putbus) freudig angenommen.

Die Oper konnte ich nicht aussuchen, sie boten mir den *Wildschütz* von Albert Lortzing an. Mich interessierte das Angebot, Regie zu führen – dass ich wild auf den *Wildschütz* gewesen wäre, kann ich nicht behaupten. Ich bat um vier Wochen Bedenkzeit.

Natürlich kannte ich die Oper, aber ich habe in diesen vier Wochen gelesen, gehört und gesehen, was ich nur lesen, hören und sehen konnte. Einige Inszenierungen habe ich mir angesehen, auch in angesehenen Theatern. Bei aller Bescheidenheit, von da an wusste ich, wie ich es nicht machen wollte, wenn ich es denn machen würde. Einmal spielte die Lortzing-Oper in der Nazi-Zeit, einmal in der Petticoat-Ära und ein drittes Mal im Hier und Heute. Hier war von Hitler die Rede, dort von Elvis Presley, und bei der heutigen Sichtweise war das hübsche Gretchen nicht hübsch, aber obszön musste sie sein. Chorsängerinnen, die die 50 schon längst hinter sich gelassen hatten, warfen ihre eben noch getragenen Schlüpfer in die Luft und dann dem Grafen ins Gesicht. Ich wusste nicht, was es soll, und war mir mit dem spärlich vorhandenen Publikum eins. Nie werde ich verstehen, warum solche Werke, die sowohl musikalisch als auch vom Libretto her eigentlich nur aus ihrer Entstehungszeit heraus zu begreifen sind, derart vergewaltigt werden müssen.

Der Wildschütz ist unmoralisch, aber auch heiter, ironisch, luftig, auf erfrischende Weise belanglos und mit einer Musik gesegnet, an der Mozart seine Freude gehabt hätte. Die Figuren scheinen einer Commedia dell'arte entsprungen – meist distanziert, komisch und vorgeführt, in wenigen Situationen auch erschreckend nah. Am deutlichsten erklärt uns das Stück die Verhältnisse nach dem Wiener Kongress. Auch wenn's manch Schlaumeier nicht wahrhaben will, das war die Zeit des Biedermeier. Die Welt ändert sich, manchmal sogar gewaltig. Charaktere bleiben!

Um Verhaltensweisen moralisch, intellektuell und geschmacklich einzuordnen sowie subjektiv auszuliefern, muss die Zeit nicht verändert werden. Da bin ich – und der Zuschauer erst recht – klug genug, und es bedarf nicht der unnötigen Gehhilfe hinüber ins Gedankengebäude eines klugscheißerischen Oberlehrers. Es gibt aber viele Regisseure, die uns gerade das nicht zutrauen. Sie stehen vor dem Stück und man möchte sie bitten, zur Seite zu treten, damit sie nicht dickärschig das Meisterwerk verdecken. Die geistige Unterforderung des Publikums ist anmaßend und obendrein auch eine zu missbilligende Verschwendung von Steuergeldern. Wohlgemerkt, wir reden hier von Lortzings *Wildschütz* und vergleichbaren Stücken. Selbstverständlich gibt es Werke, bei denen zeitliche Veränderungen einen genialen Zugriff ermöglichen. Beim *Wildschütz* ist es völlig unnötig und dem Werk – vor allem der Musik – eher abträglich. Dem Einfallsreichtum sind dagegen überhaupt keine Grenzen gesetzt. Im Gegenteil.

Aber welche Kreativität liegt dem Einfall zugrunde, wenn Gretchen mit dem iPad spielt und die Gräfin mit 'ner Harley auf die Bühne fährt? Diese Möchtegern-Modernität ist – mit Verlaub – einfallsloser Scheiß! Von weiß gekachelten Wänden, vor denen uriniert und onaniert wird, einmal ganz abgesehen. Dafür gibt es entsprechende Häuser und Räumlichkeiten. Was können wir denn dafür, wenn bei der Erziehung dieser Regisseure so viel in die Hose gegangen ist. Löst eure Probleme in Selbsthilfegruppen oder beim Arzt, aber belästigt bitte nicht die erwartungsfrohe und gebildete Theaterkundschaft!

Jetzt wissen Sie, warum ich mal inszenieren wollte. Einmal die Seite wechseln, mit all den Erfahrungen, die ich im Laufe der Jahrzehnte gesammelt habe – als Zuschauer und Sänger. Mit Hochachtung und Respekt vor Lortzing und dem Publikum! Das hat mich gereizt!

Der Schaden für den Steuerzahler kann erheblich minimiert werden durch die Hinzunahme eines kenntnisreichen Mitarbeiters. Mein alter Freund und Weggefährte Hugo Wieg war mein Stecken und Stab, ohne dessen Hilfe ich womöglich älter ausgesehen hätte, als ich ohnehin schon bin. Selbstverständlich hatten wir alle Details meiner Inszenierung am Küchentisch in Dresden erfunden und besprochen. Fast alle.

Als Sänger war ich bisher nur für den graduellen Anteil meiner Rolle im Stück und an der Inszenierung verantwortlich. Jetzt trug ich die Verantwortung für 360 Grad. Der erste Feierabend war die Premierenfeier.

Hugo ist eigentlich Sänger wie ich. Wir haben beide an der Musikhochschule in Weimar studiert. Er war von Anfang an Grenzgänger – schon lange vor dem Fall der Mauer. Grenzgänger zwischen Gesang und Regie. Dies tut er bis heute, ohne die Wertschätzung für die jeweilige andere Seite beim Seitenwechsel verloren zu haben. Welcher »Nur-Sänger« und welcher »Nur-Regisseur« kann das schon von sich behaupten? Demut entsteht durch diesen Kenntnisreichtum. Hugo sei Dank! Gott sowieso …

Der *Wildschütz* scheint von der Handlung her verworren wie eine Laokoon-Gruppe. Schon nach dem ersten Akt fällt die verwandtschaftliche Zuordnung der handelnden Personen schwer. Mehrere Stammbäume im Programmheft könnten hilfreich sein. Das fällt mir allerdings erst ein. Zu spät. Neben dieser Verwirrung droht auch noch der Inzest. Dacht ich an *Wildschütz* in der Nacht, ward ich um den Schlaf gebracht … Insofern war es eine muntere Zeit. Manchmal war ich k.o., wie weiland Axel Schulz in der achten Runde.

»Wenn du irgendwann mal Hilfe brauchst, dann rufe den Organisten Rost von St. Marien an. Er spielt dann für dich. Du legst dich einfach in die Kirchenbank, und dir wird geholfen.« Dies sagte mein Freund, der Orgelbauer Christian Wegscheider, vor meiner Abfahrt in Richtung Norden. Er hatte vor Jahren die wunderbare Orgel in Stralsunds größter Kirche St. Marien restauriert. Ein herrliches Instrument aus dem 17. Jahrhundert, das trotz des riesigen Raumes schlank und edel klingt. Obwohl ich Hugo dabeihatte, habe ich Christians Rat befolgt. Die Freundschaft des Orgelbauers und die Freundlichkeit des Organisten haben mir dieses besondere Erlebnis ermöglicht. Die Stille einer großen, menschenleeren Kirche, die erhabene Schlichtheit der Backsteingotik mit all ihren barocken Zutaten und der vornehme und klare Klang dieser Orgel nahmen alle Last von mir und versetzten mich in die heiterste Melancholie. Selten habe ich eine halbe Stunde so ganz und vollendet empfunden.

Zurück zum *Wildschütz*. Die Mitarbeit der Mitarbeiter war sehr unterschiedlich. Nach Kräften haben sich alle bemüht. Die Regieassistentin war hübsch, hatte aber gelegentlich den Habitus einer weisungsberechtigten Kreisschulrätin. Die Chefdisponentin war manchmal indisponiert und zuweilen administrativ wie eine Stechuhr. Die Abteilung Öffentlichkeitsarbeit gefiel sich in eremitaler Zurückgezogenheit. Der höchst intellektuelle Dramaturg lachte gern, hatte aber offenbar für komische Opern nicht viel übrig. Der Chor, die Solisten, der Dirigent und alle anderen Mitarbeiter bis hin zum Pförtner, der durch seine freundliche Art den Arbeitsbeginn erleichterte, gaben ihr Bestes, und das war viel! Man muss den Tatsachen ins Auge schauen, auch wenn sie noch so erfreulich sind: Dem Publikum hat's gefallen. Und zu nichts anderem gibt es diese wunderbare, segensreiche und unverzichtbare Einrichtung: das Theater. Trotz mancher inszenatorischer Mordversuche ist Theater auf die Dauer nicht tot zu kriegen.

4

BEIM NAMEN GENANNT

Es gibt Dinge, die beim Namen genannt werden müssen: zum Himmel schreiende, ungerechte und einfach so nicht hinnehmbare. Landläufig wird gesagt, man muss das Kind beim Namen nennen. Das heißt, wer das Kind nicht beim Namen nennt, der redet um den heißen Brei herum, oder er weiß, worüber er schweigt. Die unerträgliche Sache wird vertuscht, verschleiert, verschwiegen und eben nicht benannt. Das geschieht öfter, als es der Menschheit dienlich ist.

Dass Menschen beim Namen genannt werden, setzt deren Kenntnis voraus. Ansonsten sagt man schon mal: »Sie da …, hallo, gute Frau … Ja, Sie mit dem roten Pullover!«

»Mein Herr« kann man auch als »Sie Idiot« verstehen. Man muss es nur prononciert genug aussprechen: »Mein Herr!« – »Sie … Sie … Sie …« Das braucht man gar nicht mehr zu Ende zu formulieren. Der Tatbestand der Beleidigung ist gegeben.

In feinen Hotels bemüht sich das Personal, so schnell wie möglich die Namen der Gäste bei deren Erscheinen parat zu haben, damit sich selbst der Unbekannteste, Unwichtigste und Unsympathischste bekannt, wichtig und sympathisch vorkommt. Die dadurch gestiegene Selbstwahrnehmung und Wertschätzung ist verlässlicher als Donner nach dem Blitz.

Chorsänger, die zeit ihres Lebens Chorsänger waren, haben ihre frühere grandiose Solokarriere deutlich vor Augen, wenn sie der Regisseur schon bei der ersten Probe beim Namen nennt. Selbst der Geiger am letzten Pult wächst über sich hinaus, wenn der namhafte Dirigent feststellt, dass er schon dessen Vater kannte und schätzte. Selbst, wenn der Vater Klempner in der Slowakei war. Sind die Schmeicheleien auch noch so verlogen, sie verfehlen ihre Wirkung nie. Trotzdem: Ein guter Chef nennt nicht nur das Kind beim Namen, sondern auch all seine Mitarbeiter. Nur so kann er sich auf sie verlassen und ihre Mitarbeit erwarten. Schauspieler und Sänger sind diesbezüglich privilegiert. Man kennt sie und räumt ihnen eine Sonderrolle ein. Manchmal auch eine Rolle, die sie im Leben und auf der Bühne nie gespielt haben.

Oft schon bekam ich Post, in der stand: *Lieber Herr Emmerich, ich habe all Ihre Filme gesehen! Großartig! Weiter so.* Ich habe im Film nie eine Rolle gespielt – weder vor noch hinter der Kamera. Der Absender meinte den berühmten Regisseur Roland Emmerich, den ich ebenfalls verehre, mit dem ich aber nichts zu tun habe. Leider.

Der erste Mann meiner zweiten Frau, der Schauspieler Wolfgang Dehler, sah Manfred Krug verblüffend ähnlich. Autogrammjägern machte er wortreich deutlich, dass er nicht Manfred Krug sei. Da seine Stimme der Krugs aber noch ähnlicher war als sein Äußeres, gab sich Wolfgang Dehler oft geschlagen und unterschrieb mit »Manfred Krug«. Ob Krug jemals mit »Dehler« unterschrieben hat, ist nicht überliefert.

Von einem Doppelgänger des japanischen Dirigenten Kent Nagano wollte ich am Frankfurter Flughafen ein Autogramm haben. Er sagte nur: »Ich bin's nicht, aber ich hätte gern sein Konto.« Dirigieren wie Nagano wollte er offenbar nicht. Vielleicht war er ein japanischer Blechbläser. Die haben für Dirigenten ohnehin nicht allzu viel übrig, nicht mal für japanische. Zwischen Blechbläsern und Dirigenten kriselt es weltweit.

Erkannt zu werden als der, der man ist – freudig erkannt zu werden –, hat nichts Lästiges, sondern ist Bestätigung geleisteter Arbeit, die offenbar positiv hängen geblieben ist. Das ist allerdings kein Grund, diese Streicheleinheiten des Publikums einfordern zu wollen.

Ein namhafter, berühmter und eigentlich auch sehr guter Schauspieler, der bei Tourneegastspielen mit der gleichen Agentur zusammenarbeitete wie ich, schrieb an die Agentur folgenden Brief:

Es gibt immer wieder – jüngere – Mitarbeiter, die nicht wissen, wer ich bin. Sie behandeln mich beim Eintreffen des Ensembles wie den letzten Komparsen. Das ist für mich unerträglich und nicht hinnehmbar. Ich möchte Sie daher bitten, schicken Sie diesen Hotels Bilder mit meinem Namen, damit diese Leute bei der Ankunft wissen, wer da vor ihnen steht.

Seinen Namen verkneif ich mir, aber die Eitelkeit bekam einen Namen – seinen.

Ein großartiger, berühmter und höchst bescheidener Schauspieler war Günter Strack. Als er uns 1990 mit seiner Frau Lore das erste Mal in Dresden besuchte, erkannte ihn auf der Straße kein Mensch. ARD hieß ja »Außer Raum Dresden«. Günter Strack hat dieses Inkognito sichtlich genossen. Er war sich seiner selbst bewusst.

Der liebe Gott würde erschrecken, wenn man ihn erkennt. Karel Gott ist auf diesen Moment vorbereitet und hat Autogramme immer bei sich. Ich übrigens auch.

5

DER FALSCHE EINDRUCK

Dadurch, dass die jeweiligen Partner meiner Kinder nicht mit leeren Händen in ihre Beziehungen gekommen sind, bin ich mittlerweile Großvater von sieben Enkelinnen. Stand: Sommer 2016. Die jüngste ist vier Jahre, die älteste 24 Jahre alt. Wenn Urgroßvater zu sein ein erstrebenswertes Ziel ist, so stehe ich kurz vor dem freudigen Ereignis. Da drei Enkelinnen die 20 schon erreicht haben oder kurz davor stehen, ist mit einem »Ur-Knall« zu rechnen.

Ältere Leute gucken gern nach hinten und werden dabei melancholisch. Ich gucke gern nach vorn und freue mich des Lebens, auch des weiteren Lebens und des Weiterlebens.

Der Sachse sagt zum Leben, dessen wir uns alle erfreuen: »Das ist das Leem«. Das Wort »Leem« hat in Sachsen insgesamt vier Bedeutungen:

Erstens: Wie schon gesagt: Das »Leben« ist »das Leem«.

Zweitens: Tonreiche Erde ist in Sachsen wie auch anderswo »der Lehm«.

Drittens: Der »Leim« ist nur in Sachsen »dr Leem«.

Viertens: Die Mehrzahl des Königs der Wildnis, die Löwen – das sind in Sachsen »de Leem«.

Überdies hat jeder Sachse seine persönlichen Raubtiere immer bei sich: »die Daschendiecher«. Die schnellsten diesbezüglichen »Diecher« sind die »Dembodaschendiecher«. In einigen Teilen Sachsens sagt man »Lääm« statt »Leem«. Von dort stammt vermutlich auch die Formulierung: »Mor muß's Lääm nääm wie's Lääm ääm is.« Und wenn's Lääm ääm sieben Enkelinnen geschenkt hat, dann ist die böse Sieben eine gute Zahl. Ääm!

Sarah, meine älteste Enkelin, wurde 2012 zwanzig Jahre alt, ebenso der Mitteldeutsche Rundfunk. Sarah ist hübsch anzusehen, das Programm des MDR nicht immer. Am 1. Januar 2012 gab es anlässlich des 20. Geburtstags des MDR ein Neujahrskonzert im Leipziger Gewandhaus. Es spielte das Symphonieorchester des Mitteldeutschen Rundfunks unter der Leitung von Jun Märkl. Anwesende und virtuell vertretene Wieauchimmerprominente gratulierten dem Sender auf ihre ganz persönliche Weise, mal nur persönlich, mal gar weise, und sagten im gleichen Atemzug das nächste Musikstück an. Ursprünglich sollte ich da auf dem Gangplatz Reihe 9 allein sitzen, um der Festgemeinde das nächste Werk anzusagen und natürlich dem MDR zum Jubiläum zu gratulieren. Die Redaktion fand es originell und schmückend, dass ich meine ebenfalls im Januar 2012 zwanzig Jahre alt werdende Enkelin mitbrachte, wegen der Duplizität der Ereignisse. So ging der Großvater mit seiner hübschen Enkelin ins Gewandhaus. Zunächst in die Personalkantine, da wir als »Mitwirkende« den Bühneneingang benutzen durften.

Eine Sopranistin des MDR-Rundfunkchores, mit der ich vor 45 Jahren in Weimar studiert hatte, lief erfreut auf mich zu, und ich freute mich ebenfalls; auch darüber, dass ich noch ihren Namen wusste. Der stimmte nur noch zur Hälfte, denn sie war gerade das dritte Mal geschieden worden, was sie sehr erleichtert verkündete. Margot hieß sie immer noch. Sie sah Sarah sehr kritisch an. Der darauf folgende Blick zu mir war durchaus vorwurfsvoll und wollte sagen: »Hast du dir das auch gut überlegt?!« Dann ging sie zum Konzert. Dass ich ihr noch hinterherrief, es sei meine Enkelin, blieb ungehört. Sarah und ich gingen ins Foyer. Dieser Raum des Sehen und Gesehenwerdens hatte plötzlich ein höchst brisantes Thema: »Wer ist das hübsche junge Ding an der Seite vom alten Emmerlich?!« Die zahlreichen Begrüßungen durch bekannte Bekannte und unbekannte Bekannte waren distanziert bis vorwurfsvoll, verächtlich bis neidisch. Sarah genoss die ungewohnte Aufmerksamkeit irritiert. Ich konnte mir ein wissendes Schmunzeln nicht verkneifen, was den fälschlichen Eindruck eines Schwerenöters sichtbar verstärkte. Hier lag was in der Luft, was dem neuen Jahr Zündstoff für ein verspätetes Silvesterfeuerwerk liefern könnte. Das Orchester nahm Platz, ebenso der Rundfunkchor – einschließlich der dreifach geschiedenen Margot. Doch die Blicke vieler Zuschauer blieben bei Sarah und mir hängen. Im Laufe des Programms gratulierte ich wie vereinbart dem MDR zum 20-jährigen Jubiläum und verwies darauf, dass auch die nun folgende Bach-Kantate *Angenehmes Wiederau* ein Jubiläum feiert: Sie wurde vor 275 Jahren in Leipzig uraufgeführt. Darauf sagte Sarah wie verabredet zu mir und in die Kamera: »Das Jahr fängt ja gut an, Opa!« Die Reaktion im Saal war eine Mischung aus Erleichterung und Enttäuschung. Ich glaube, die Enttäuschung überwog. Margot, die dreifach geschiedene, schickte mir ein gütiges Lächeln ins Parkett, in dem auch ein Hauch von Entschuldigung lag.

Das Boulevardreporter-Syndrom schlummert in vielen von uns. Wir müssen nur zur Kenntnis nehmen, dass die Wahrheit meist bedeutend unspektakulärer ist, als unser Skandalinteresse hofft. So gesehen gibt es wenig Enttäuschenderes als einen Skandal, der keiner ist. Das ist ja schon fast skandalös.

6

HERZLOS

Professor Joachim Herz war wahrscheinlich einer der kenntnisreichsten Theaterleute seiner Zeit. Seine geschichtlichen und musikgeschichtlichen Hinter-, Vorder- und Abgründe waren so umfangreich, dass sie dem Theatralischen und Komödiantischen oft im Wege standen. Wenn er bei der Probe etwas vormachte, also vorspielte, wussten wir, dass wir es so nicht nachmachen durften. Es wäre letztlich auch nicht in seinem Sinne gewesen, aber wir wussten, was er meint. Er war intellektuell überragend, hatte aber die Körpersprache eines Bewegungsidioten. Eigentlich war er ein kenntnisreicher Chefdramaturg mit einem ausgeprägten Hang zum Szenischen. Das trockene Dramaturgendasein hätte seine gestalterische Besessenheit und seinen Willen zur Macht aber letztlich nicht zum Ausdruck kommen lassen – und so führte er Regie. Er war zwar nicht in der SED, hatte sie aber geradezu stalinistisch verinnerlicht. Mit diesen Insignien ausgerüstet war er von 1981 bis 1991 Chefregisseur an der Sächsischen Staatsoper Dresden. Falls er in den Himmel gekommen sein sollte, wird er dem lieben Gott schon eine Menge Scherereien gemacht haben. Gut, dass wenigstens die Machtfrage da oben nicht zur Debatte steht.

Um es noch einmal deutlich zu machen: Er war ungemein gebildet, und wenn er wollte, hatte er sogar Humor. Dieser Wille war allerdings nicht sonderlich ausgeprägt. Er korrespondierte mit der ihm bekannten Menschheit fast ausschließlich postalisch, das heißt sowohl mit dem Mozarteum in Salzburg als auch mit dem Pförtner des Theaters. Er schrieb endlose Briefe an Sänger und Chorsänger, Techniker, Tuttigeiger, hübsche, junge Requisiteurinnen und an die Staatssicherheit.

An das ZK der SED und die Bezirksleitung des gleichen Vereins sowieso. Der Verteilerschlüssel seiner Mitteilungsblätter hatte das Format Lenin'scher Dekrete: AN ALLE!

Das gesprochene Wort schien ihm zu flüchtig und seiner Wichtigkeit nicht angemessen. Briefe bieten auch Stoff für Biografen, und sie verhindern ungewollte persönliche Kontakte. Seine immer zu zahlreichen Regieassistenten behandelte er wie Lakaien. Private Themen waren ihm verhasst, familiäre gar – ein Graus. Ich schildere den Mann, wie ich ihn erlebt habe. Andere mögen ihn anders schildern. Künstlerisch hatte er sicher seine größte und beste Zeit als Operndirektor in Leipzig von 1959 bis 1976. Exemplarisch seine Inszenierung des *Rings der Nibelungen*, die er als Erster im Wagner'schen 19. Jahrhundert ansiedelte. Damit wurde er zum Vorbild ganzer Regisseursgenerationen. Auch später in Berlin und Dresden leistete er Herausragendes. Manchmal aber auch nicht. Sein *Freischütz* zur Wiedereröffnung der Semperoper war kein Volltreffer. Sein Lebenswerk konnte sich dennoch sehen lassen. Seine Person war streitbar, bisweilen aber auch unstreitbar unerträglich.

Die Nase von Schostakowitsch inszenierte Herz sehr schlüssig und einfallsreich. Bei den Endproben saß er mit Mikrofon und einer Schar Regieassistenten in der Königsloge, hielt Hof und alle Fäden in der Hand. Auf offener Szene machte er uns Darsteller zur Schnecke, zur Minna oder zum Hampelmann. Eine Sängerin entschuldigte sich für einen Fehler, den sie noch gar nicht gemacht hatte. Seine Kenntnis der Partitur war allerdings ausgeprägter als die mancher Dirigenten, sodass seine rüde Art immerhin einen fachlichen Background hatte.

Frau Lange, die Inspizientin, sprach mit dem Charme einer pädagogisch wenig veranlagten Pionierleiterin auf die Jungen und Mädchen des Kinderchores ein, sodass ihre Unherzlichkeit Professor Herz dazu veranlasste, von der Königsloge herabzubrüllen: »Frau Lange, gewöhnen Sie sich bitte nicht meinen Ton an!« Der König hatte gescherzt, und alle Lakaien lachten. Professor Herz hatte auch einen Hauch von Professor Unrat. Seine Liebesbriefe an junge Mitarbeiterinnen führten allerdings nicht mal zum Brief-Verkehr. Der Großvater von Romeo hätte bei Julia auch keine Chance gehabt.

Die Semperoper stand kurz vor der Wiedereröffnung. Das Ringsherum hatte noch Baustellencharakter, Abwasser- und Kabelschächte waren zum Teil noch offen. Der Weg zum Bühneneingang über Bohlen und provisorische Brücken war deutlich gekennzeichnet, aber eben nicht die kürzeste Entfernung von A nach B. Professor Herz hatte es eilig und war in professoralen Gedanken. Er ging den kürzesten – alle Baustellengebote und -verbote missachtenden – Weg zum Bühneneingang. Ein Bauarbeiter schrie: »He, Sie dort, mit dem Lodenmantel! Da geht's lang!« Darauf Herz: »Erlauben Sie mal, wie reden Sie denn mit mir? Ich bin Professor Herz!«

Der Bauarbeiter, der von der Hierarchie unseres Theaters keine Ahnung hatte, sagte: »… und wenn Sie Professor Lunge heeßen – da geht's lang.« Herz betrachtete das als Majestätsbeleidigung, ging aber dennoch den vorgeschriebenen Weg, mehrfach murmelnd: »Unglaublich. Nicht zu fassen!« Briefe an die Bauleitung, die Intendanz und den Rat der Stadt/Abteilung Kultur waren die Folge, blieben aber folgenlos.

Ich habe ihm auch mal einen Brief geschrieben. Die große Dresdner Schauspielerin Traute Richter war gestorben. Wenige Tage vor ihrem Tod hatte sie auf Bitten von Professor Herz bei der Konzeptionsprobe zu *Die Nase* die Vorlage zur Oper – Gogols Meisterwerk – hinreißend gelesen. Ihr Tod machte uns alle sehr betroffen. Da ich mit ihr auch in einigen musikalisch-literarischen Programmen auf der Bühne gestanden hatte, wollte ich unbedingt zur Totenfeier des Staatsschauspiels gehen, zumal mich der damalige Intendant des Staatsschauspiels gebeten hatte, ein Lied zu singen. Die Feier zu Ehren der verstorbenen Schauspielerin begann gegen Mittag, zur gleichen Zeit war eine Probe in der Semperoper für *Die Nase* angesetzt. So bat ich Herz, mir frei zu geben. Ich bot ihm noch an, vor und auch nach der Trauerfeier zur Probe zu kommen. Er ließ mich nicht gehen. Diese Probe hatte er auch noch so unsinnig organisiert, dass ich nicht mal drankam. Ich saß also völlig sinnlos in der Oper rum, währenddessen Traute Richter im Staatsschauspiel die letzte Ehre erwiesen wurde.

Der Brief, den ich ihm schrieb, war traurig, hilf- und respektlos. Professor Joachim Herz hatte seinem Namen keine Ehre gemacht. Er hat mir nie geantwortet, obwohl er doch im Briefeschreiben so geübt war.

7

IN MEMORIAM PETER HERDEN

Er war der Grandseigneur des Dresdner Staatsschauspiels. Eine spielplanprägende Persönlichkeit, um die man nicht herumkam – es sei denn, ein Gastregisseur hatte von diesem Ensemble keine Ahnung. Aufgrund seiner Fernseh- und Filmpräsenz kannte ich ihn schon lange, bevor ich mein Engagement am Staatstheater in Dresden antrat. In viele Stücke bin ich seinetwegen gegangen. Ich hatte an seiner gepflegten Art, seiner charmanten Ausstrahlung und seiner vorzüglichen Sprachbehandlung meine Freude – kurz: Er war ein verdammt guter Schauspieler. Besonders gern erinnere ich mich an Papst Pius in *Der Stellvertreter*, George Bernard Shaw in *Geliebter Lügner*, Oberst Hirschburg in *Passage*, der Kaiser in *Das Käthchen von Heilbronn*, Lancelot in *Die Ritter der Tafelrunde* und Sunnyboy in *Sunnyboys*.

Dank seiner noblen Art hat er jede Rolle zu sich heraufgezogen. Selbst die miesesten Charaktere bekamen durch ihn sympathische Züge. Unvergessen sein Higgins an der Staatsoperette Dresden. Der erste Higgins der ersten *My Fair Lady* in Ostdeutschland. Er war der Rex Harrison der DDR. Fast 500 Mal. Immer ausverkauft.

Als ich ihn kennenlernte, hatte er schon graues Haar. Wie Richard von Weizsäcker und Herbert von Karajan. Bis ans Ende seiner Tage war er ein feiner Herr, der schweinische Witze so erzählen konnte, als wären sie ein literarisches Kleinod. Zum Beispiel den --- Nein, das konnte nur er.

Skat spielte er so glänzend, dass ich mich wundere, dass wir ihn immer wieder eingeladen haben. Wenn er mitspielte, schaute sogar meine Frau gern mal vorbei, die sich für Skatabende sonst so gar nicht interessierte. Peter hätte nie weitergespielt, wenn eine Frau den Raum betrat. Er inszenierte ein charmantes Plauderstündchen, wie es unter Skatspielern eher unüblich ist. Peter war ein Gentleman, der aber nie so weit ging, dass er uns beim Skat hätte gewinnen lassen. Da hatte er seine Grenzen.

Theater, gemeinsame musikalisch-literarische Abende, Fußball und Skat – das war der Zement, der unsere jahrzehntelange Männerfreundschaft zusammenhielt. Bis ins hohe Alter konnte er dem Thema Frauen jedoch noch mehr abgewinnen als den Themen Theater, Skat und Fußball zusammen.

Papas neue Freundin hieß eine Fernsehserie, in der er die Hauptrolle spielte. Er hat sicher viel Lebenserfahrung in diese Rolle mit einbringen können. Der Verehrer überragte den Genießer, und ich kenne keine Frau, die je ein böses Wort über ihn verlor.

Er konnte wunderbare und lustige Geschichten erzählen, bei denen die Wahrheit oft durch Erfindung bereichert wurde. Selbst altersbedingte Wiederholungen waren bei ihm weitaus erfrischender als anderer Mimen Neuestes. Pointen setzte er treffsicher, und wo keine Pointe war, half er nach. Es gibt Theateranekdoten, die ganze Bücherregale füllen. Das meiste – sehr eitel, selbstgefällig und selbst für Insider zu humorlos. Die wirklich lustigen, nicht gedruckten, kannte er alle, und man musste nicht vom Theater kommen, um sie komisch zu finden. Zum Beispiel die folgende:

Nach dem Kriege wurde nicht nur in Theatern Theater gespielt. Die Not machte erfinderisch, und »Kunst muss sein« war damals noch kein Slogan, aber gelebtes Gauklerdasein. Die Hof-, Staats- und Stadttheater waren zerstört, und so spielte man in allen möglichen und unmöglichen Häusern, Scheunen und Hinterhöfen. Jegliche Theaterrealität war erfreulicher als die Wirklichkeit.

In seiner Plauener Theaterzeit spielte Peter Herden den Ferdinand in Schillers *Kabale und Liebe*. Sie spielten in irgendeiner ehemaligen Stallung. Welches Vieh dort mal untergebracht war, wusste er nicht mehr genau – aber es roch viehisch. Lady Milford hielt sich fortwährend die Nase zu, was der Extravaganz dieser Rolle durchaus dienlich war. Eine Hinterbühne gab es nicht. Man kam immer von links oder von rechts und musste beim Abgang den nächsten Auftritt im Sinn haben. Sanitäre Einrichtungen gab es nicht. Fürs Vieh ist ja der ganze Stall eine sanitäre Einrichtung. Für ganz dringende Fälle hatte der Inspizient auf der linken Seite einen Eimer hinstellen lassen. Luise Miller, die auf der rechten Seite auf ihren Auftritt wartete, machte durch eindeutige Zeichen der linken Seite deutlich, dass der Eimer auf ihrer Seite der Not bedurfte. Bis zur Pause wollte und konnte die Millerin nicht mehr warten. Und so gab sich der Hofmarschall von Kalb einen Ruck, fasste sich ein Herz, dann den Eimer und trug ihn über die Bühne. In dieser Szene hatte er weder etwas zu suchen, noch etwas zu sagen. Als er die Mitte der Bühne erreicht hatte, bemerkte Präsident von Walter den ungebetenen Gast mit dem Eimer und fragte spontan und fernab von Friedrich von Schiller: »Wo will er mit dem Eimer hin?« Während Luise Miller dem Eimer erwartungsfroh entgegensah, sagte Hofmarschall von Kalb geistesgegenwärtig: »Die Folterkammer scheuern, Euer Gnaden.«

In den 70er- und 80er-Jahren hatten wir viele gemeinsame Veranstaltungen. Einmal standen wir vor einem Kulturhaus, das mehr eine Kulturbaracke war. Im Eingangsbereich lagen Traktorreifen. Diese mit Erde zu füllen und Stiefmütterchen reinzupflanzen war damals ein stiefmütterlicher Versuch, Farbe in die graue DDR zu bringen. Peter zeigte auf die bepflanzten Traktorreifen und sagte: »Es ist ein weiter Weg von der Akropolis bis hierher, aber sie haben es geschafft.« Auch der feine Humor passte zu dem feinen Mann.

Peter war ein Komödiant besonderer Güte. Er war unvergleichlich, und wenn man einen Vergleich wagen wollte, dann hatte er etwas von Johannes Heesters und Bernhard Minetti, von Viktor de Kowa und Martin Held. Seine Garderobe war ausschließlich aus Wolle, Seide und Manchester. Gott weiß, wo er vor der Wende die edlen Stoffe her hatte. Er roch wie ein Gentleman und rauchte wie ein Schlot, aber er hielt die Zigarette so, als sei er damit auf die Welt gekommen. Bis zu seinem Tod hatte er volles graues Haar.

Er starb mit 95 Jahren und rauchte bis zum letzten Atemzug genüsslich. Peter war der eleganteste Grandseigneur, den ich je kennenlernen durfte. Feinde hatte er nur in Theaterstücken – im Leben nicht.

8

STILLE

Ein Kloster ist ein Ort der Ruhe und Besinnung, der geistigen und geistlichen Konzentration. Umgekehrt kann man auch sagen: ein Ort der Abwesenheit von Lärm, Äußerlichkeiten und Ablenkungen jeglicher Art. In der Reformationsdekade 2012 führten uns evangelische Kirchenkonzerte ins katholische Südtirol. Dass es in ganz Italien nur 5.000 Protestanten gibt, hat mich nicht weiter verwundert, denn hier führen ja alle Wege nach Rom und kaum einer nach Wittenberg. Dass wir in einem katholischen Kloster untergebracht waren, fand ich bemerkenswert ökumenisch und unseren musikalischen und konfessionellen Anliegen gegenüber durchaus kongenial. Vor dem II. Vatikanischen Konzil undenkbar. Stille und ungestörte Hingebung zum Wesentlichen würden die heiligen Hallen vermitteln, und so zog ich am Mittag getrost im Bozener Kloster Gries ein. Mittagessen beim Italiener um die Ecke ist auch in Italien eine gute Idee. In Italien gibt es überhaupt keinen Grund, zum Chinesen zu gehen.

Anschließend anderthalb Stunden Schlaf im Himmelbett meiner komfortablen Klosterstube sollten eine maximale Vorbereitung auf die Probe am Nachmittag und das abendliche Konzert gewährleisten. Kaum hatte ich mich auf der rechten Seite eingekuschelt – der Atem war dem Schlaf nicht mehr im Wege –, da hörte ich Tonleiterübungen eines Pianisten so nah an meinem Ohr, dass ich annehmen wollte, dies seien die Vorboten eines harmonischen Tiefschlafes. Die Tonleiterübungen gingen nahtlos in Rachmaninow und dann in die Glückseligkeit von Operettenmelodien über. Ich wähnte mich bereits im Traumland, gewissermaßen im siebten Himmel, da traf mein Ohr plötzlich eine fensterglaszersplitternde Sopranstimme mit der ostinaten Behauptung, sie sei die »Juliska, die Juliska aus Buda-Budapest«. Mir wurde deutlich: Entweder war dies ein Albtraum, oder ins Kloster waren die Hunnen eingefallen. Abrupt saß ich im Bett und wusste, die Wirklichkeit ist oft grauenvoller, als man es sich erträumen kann. Zum messerscharfen Juliska-Sopran gesellte sich blitzartig ein Tenor, der mit dem Charme eines Immobilienmaklers »Schlösser, die im Monde liegen« anpries und eiskalt behauptete, seine Lippen, die küssten so heiß.

Im Musikzimmer wurden offenbar vor Jahrhunderten geheime klerikale Unterredungen geführt, die von meiner Stube aus mühelos belauscht werden konnten – Wort für Wort; eine Abhöranlage aus dem Mittelalter, an der die Stasi und auch andere ihre helle Freude gehabt hätten. Für Operetten-Diven und ihre schmachtenden Liebhaber geriet dieser Raum geradezu zum Megafon, an dessen Schalltrichter mein Bett stand, in dem ich jetzt saß. Sie sangen: »Machen wir's den Schwalben nach, bau'n wir uns ein Nest«. Ich drehte mich in meinem Nest auf die linke Seite, legte ein Kissen auf das rechte Ohr und versuchte, von Frau Luna zu träumen, die nach einer eigenwilligen Modulation gerade ins Spiel kam. In diesem Augenblick vernahmen meine beiden eigentlich abgedichteten Ohren das Getöse eines Presslufthammers aus meinem Nebenzimmer. Auch in der nicht-reformierten Kirche gibt es Umbauarbeiten.

Es klang, als würde das altehrwürdige Gebäude schlagartig abgerissen, und nur einem müden Bass, zwei aufgeweckten Operettensängern und dem Abt hatte man nichts davon gesagt. Der Tenor sang »Gern hab ich die Frauen geküsst …« – er soll doch machen, was er will, aber nicht am frühen Nachmittag und schon gar nicht in den höchsten Tönen, die nur in unvollendeter Schönheit zur Verfügung standen. Er »knüpfte manche zarte Bande«, auf die der Presslufthammer keine Rücksicht nahm. Sie sang: »Ich lade gern mir Gäste ein …«

Das ließ sich der lautstarke Betonzerspalter nicht zweimal sagen. Ich nahm Reißaus und fand rasch Ruhe in der Rushhour auf dem Waltherplatz von Bozen.

Das evangelische Konzert am Abend hat unter dem katholischen Störfeuer nicht weiter gelitten. Bach, Händel und Mozart standen erst am übernächsten Tag, diesmal in Meran, auf dem Programm, und so fuhren wir in den freien Stunden in die Berge, um die Dolomiten samt Rosengarten aus respektvoller Entfernung zu betrachten. Wir genossen den schönen Blick und die friedliche Stille abseits des Klosterlärms. Gegen Abend ging es wieder nach Bozen hinunter. Wir wandelten auf den Spuren von Walther von der Vogelweide, machten dem Ötzi unsere Aufwartung und besangen am Abend in der Taverne mit den Einheimischen den vorzüglichen Südtiroler Rotwein, den wir natürlich auch tranken.

Nach einem stillen, schönen Tag und einem lauten, heiteren Abend würde die erhoffte Ruhe und Abgeschiedenheit des Klosters guttun. Es war Mitternacht, und es war laut. Ich weiß nicht, an wen alles die Mönche des Benediktiner-Ordens ihre Räume vermieten – jedenfalls tobte eine wilde Disco-Party durch das historische Gemäuer, sodass nicht nur die Heide wackelte, sondern auch das Kloster, mein Bett und der dahinter liegende Weinberg. Nur die Umstellung von der Sommer- zur Winterzeit und die damit gewonnene Stunde löste bei mir eine gewisse Gelassenheit aus. Es wurde drei Uhr Winterzeit, als die letzten katholischen Jugendlichen den Ort der Stille verließen. Einen 30-jährigen Krieg anzuzetteln wäre unvernünftig, aber es gäbe Gründe.

In den klostereigenen Weinbergen wird ein köstlicher Rotwein geerntet: LAGREIN. Sollten wir bei unserem nächsten Konzert in der evangelischen Diaspora wieder im altehrwürdigen Benediktiner-Kloster Gries untergebracht sein, werde ich so viel vom LAGREIN trinken, dass mir Hören und Sehen vergeht.

9

MEIN PROFESSORCHEN

Alt ist immer das momentane Alter plus 15. Mit 15 ist 30 alt. 60 ist alt. Aber nur für den 45-Jährigen. Für den 60-Jährigen ist 75 alt. Bist du 105, holst du die Harley aus der Garage und fährst mit deiner 90-jährigen Motorbiene ins Griene. Die 90-Jährige setzt sich auf dem Sozius, zwinkert einem 75-Jährigen zu und klammert sich an ihren Alten.

Im letzten Studienjahr bin ich eines schönen Tages mit meinem Professor in Weimar die Schillerstraße in Richtung Franz-Liszt-Hochschule gelaufen. Er war ein lebensfroher älterer Herr, für den die damalige Mini-Mode offenkundig Segen und Fluch zugleich war. Auf der einen Seite funkelten seine lustigen Augen, wenn die jungen Mädchen am Gänsebrunnen vorbeischwebten. Auf der anderen Seite wusste er natürlich, dass er deren Großvater hätte sein können. Was ihn trotzdem nicht davon abhielt, wenig großväterlich den schönen Wesen hinterherzuschauen. Um ein Haar hätte er beim Gang nach vorn und dem Blick nach hinten die Baugrube übersehen, in der zwei Arbeiter gerade ihre Arbeit liegen ließen, um ebenfalls beim Anblick der jungen Damen ihre Studien zu treiben. Die Arbeit läuft ja nicht weg.

Mein Professorchen fing sich gerade noch, bevor er beinahe über die gerade ungenutzten Schaufeln gestolpert wäre und sagte: »Mein lieber Schwan …«, das sagte er in Höhe des Gänsebrunnens, »… jetzt wäre ich doch fast gefallen.« Ich guckte ebenfalls den Gottesgeschenken nach und sagte zu ihm: »Apropos gefallen, lässt das im Alter eigentlich irgendwann nach?« Darauf er: »Nein. Es wird schlimmer. Immer schlimmer.« Ich schmunzelte ihn überrascht an, vielleicht sogar ein bisschen vorwurfsvoll. Mittlerweile bin ich nachsichtiger.

10

WOANDER IST ES ANDERS

Ich bin Mitglied einer Wandergruppe mit dem schönen Namen »Bündnis ’98/ Die Blauen«. Dieser Name ist leicht erklärt: 1998 haben wir uns gegründet, und »Die Blauen« heißen wir, weil alle anderen Farben schon vergeben waren. Unser Alterspräsident bin nicht ich, sondern Georg Zurawski, genannt Orje. Orje siedelt im Ostthüringischen, nahe dem alten Töpferstädtchen Bürgel, in dem mein Großvater in den 20er-Jahren des vorigen Jahrhunderts Gendarm war. Ich hoffe, er hat der Gerechtigkeit zum Sieg verholfen.

Orje hat ganz andere Ambitionen. Er ist Theatermann, Gaukler und Musikus der sympathischsten Art. Unterhalb seines schönen, alten und verwunschenen Fachwerkhauses hat er ein Amphitheater in den Berg gehauen. »Amphi« schreibt er »Am Vieh«, damit deutlich wird, das Theater ist auf dem Lande und das Vieh nicht weit. Sein spezieller Humor wird auch deutlich durch eine Schiefertafel, die oberhalb der Spüle in seiner Küche hängt. Auf der steht mit Schieferkreide geschrieben: »Wascht auf, Verdammte dieser Erde!«

Bei Orje im 70-Seelendorf Beulbar im buckligen Tal hinter buckligen Bergen ist alles anders. Wenn ich angemeldet hinfahre, ist das Rokoko-Zimmer gesaugt, das Bett frisch bezogen, und ein Feldblumenstrauß steht auf dem wackligen 200 Jahre alten Tisch. Der prächtige Walnussbaum vorm Fenster soll angeblich die Mücken vertreiben. Mücken, die zu mir wollen, lassen sich durch nichts aufhalten. Ich schließe das Fenster, aber eine hat vorher schon meinen Knöchel ausfindig gemacht und bedient sich. Orje hat zwei Mittel dagegen. Eins zum Einreiben und eins zum Trinken. Das Einreiben ist schnell gemacht, das Trinken beschäftigt uns den ganzen Abend. Bald sehe ich nur noch die drei Stiche, spüre sie aber nicht mehr. Nach wenigen Stunden juckt einem bei Orje gar nichts mehr. Wenn man bei ihm fernsehen will, muss man zum Fenster rausgucken. Zum Fortschritt zieht man hier Wanderschuhe an. Die Schönheit des Weges ergibt sich auch durch eine dichte Folge von Einkehrmöglichkeiten.

Das Durchschnittsalter unserer Wandergruppe »Bündnis '98/ Die Blauen« steht in gesundem Verhältnis zur Länge des täglichen Wanderweges. Die Weisheit »Warum denn in die Ferne schweifen ...« haben wir verinnerlicht. Die Ausflüge enden immer wieder bei Orje am Kamin auf der Veranda. Dort zu sitzen, Lieder zu hören und zu singen, Geschichten zu erzählen oder ihnen zu lauschen ist das lohnendste Ziel des Tages. Dazu ein guter Tropfen gegen die Mücken und ein gutes Essen fernab aller Empfehlungen des Hausarztes. Das kleine Dorf und der nahe Wald runden die Idylle ab. Morgen gehen wir gar nicht weg – Scheiß auf den Fortschritt! Übermorgen geht's durchs Tal über den nächsten Berg nach Waldeck. Dort gibt es einen exzellenten Fleischer mit Familien- und Bieranschluss. Da haben wir schon oft die Wanderung unterbrochen – und dann doch beendet. Vor 250 Jahren ritt auch Goethe mit seinem Herzog August gern nach Waldeck, nicht zu unserem Fleischer, aber es heißt, der Förster hätte zwei schöne Töchter gehabt.

Orjes Am-Vieh-Theater in Beulbar ist mittlerweile ein Anziehungspunkt für viele Thüringer, nicht nur für Weimarer Aristokraten. Er spielt in seinem Dorf- und Dampftheater, wie er es nennt, mit den Leuten und für die Leute. Es gibt einen Spielplan, der mit seinen grundsätzlichen Überlegungen manch Stadttheater retten könnte. Da tanzt das ganze Dorf nach handgemachter Musik, und Iren, Italiener und Russen zeigen, wie so was bei ihnen zu Hause geht.

Liederjane singen Liederliches, Dichter lesen Gedichtetes, die *Kluge* und die *Bernauerin* werden aufgeführt. Es gibt

Plein-Airs für Musiker, Sänger und Bildhauer. Orje, der Intendant, ist meist dabei – mal als Sänger, mal als Schauspieler oder Sprecher, immer aber mit dem Herzen.

Im vorigen Sommer wurde der *Sommernachtstraum* von Shakespeare gespielt. 600 Leute kamen in Hemden und Blusen und ließen sich verzaubern. Das Am-Vieh-Theater machte seinem Namen alle Ehre: Titanias Auftritte wurden verlässlich durch eine Kuh auf der nachbarlichen Weide angekündigt: Die Kuh machte »Mmmuuuhhh« – und Titania erschien. Und als Lysander seine Hermia fragte: »Liebst du mich auch?«, sagte ein angepflocktes Schaf von der anderen Seite: »Nähhh!« Petrus tat das Seinige und sandte ein laues Lüftchen. Der sommerliche Nachtnebel mischte sich mit Pfeifen- und Zigarrenqualm, und manch offene Frage auf der Szene wurde von Zuschauern beantwortet. Gegen Mitternacht gesellte sich gar eine junge Schnecke zu mir und trank aus dem Weinglas, das ich zu meinen Füßen abgestellt hatte. Sie war splitterfasernackt. Eine Pulmonata – eine Nacktschnecke. In meinem Alter freut man sich über jede Zuwendung. Den Wein habe ich dann voll und ganz der Schnecke überlassen. Ich kann nun mal Damen nichts abschlagen.

Es war ein Sommernachtstraum, den man überall träumen kann. Aber bei Orje kann man ihn erleben.

11
DER HEILIGE ORT

Es gibt viele Theater, die in einem ruinösen Zustand sind. Es ist offenbar leichter, aus einem schönen Theater eine Ruine werden zu lassen, als aus einer Ruine ein besonderes Theater. Mangel an Geld, engagierten Leuten, Zuschauern und Zupackern verkleinern unsere Theaterlandschaft zusehends und reduzieren somit unsere Erkenntnis- und Erlebnisfähigkeit auf iPad-Niveau. Wenn das Nintendodrom das Theater ersetzt, ist eine flächendeckende Verblödung kaum aufzuhalten.

Nachdem die Diktatur des Proletariats so kläglich gescheitert ist, ist von der Diktatur der Vernetzten auch nicht viel zu erwarten. Theater verkrusten bisweilen in ihren Strukturen und zerfallen auch in ihrer baulichen Substanz. Umso erfreulicher ist es, dass Theater entstehen, wo man sie noch vor Jahren nicht für möglich gehalten hätte: in Zimmern, auf Kirchenstufen, auf der Wiese, in Scheunen, Schuppen und Schluchten. In Industriebrachen, ehemaligen Kaufhallen, Garagen, auf Märkten, stillgelegten Bahnhöfen und Innenhöfen. Da Theater einst von der Straße kam, ist das ein bisschen auch back to the roots.

Die Klosterruine von Bad Hersfeld ist seit Jahrzehnten so ein außergewöhnlicher Ort für Theaterleute. Die erhaltenen Grundfesten und Mauern stammen aus dem 8./9. Jahrhundert. Lange bevor hier Shakespeare, Goethe, Miller, Zuckmayer, Mozart und Beethoven gespielt wurden, war dieses Kloster ein wichtiger Ort der deutschen Geschichte. Wir Thüringer wurden von hier aus christianisiert. Die germanischen Götter wurden Richard Wagner überlassen.

Karl der Große ging damals ebenso ein und aus wie heute Dieter Wedel. Zwischendurch predigte Martin Luther hier, am 1. Mai 1521, als er auf dem Weg von Worms zur Wartburg war.

Den damaligen Abt Crato scherte es nicht im Geringsten, dass der spätere Junker Jörg bereits in Acht und Bann war. Eine mutige Meinungsfreude und Handlungslust gegen Kaiser und Papst. Große Mimen haben die Ruinen schon vor Jahrzehnten lebendig gemacht: Will Quadflieg, Mario Adorf, Günter Strack, Götz George, Paula Wessely, Lil Dagover und Nicole Heesters. Nur hier zu stehen, wäre mir schon weltliches und christliches Vergnügen. Binnen kurzer Zeit hier Oper, Operette und Musical gespielt zu haben gefällt mir sehr. Mir flößt das Gemäuer Respekt, Ehrfurcht und Würde ein. Bei Theaterleuten kommen noch der Respekt vor dem Werk und die gegenseitige Achtung hinzu. Manchmal vielleicht 'n bisschen zu viel verlangt.

In einem Jahr kulminierte die Einfallslosigkeit eines dieser Herren mit den Worten: »Die Bühne gehört dir!« Da hätte er auch zu Hause bleiben können. In einem anderen Fall sagte der theatralische Vorgesetzte zu einer Kollegin: »Sie bleiben nach wie vor ein Problem für mich …« Das sagte er zwei Uhr morgens am Tag der Premiere, ohne konkret zu werden. Bar jeder Verantwortung für die Rolle und den Menschen. Letztlich aber hat die Verantwortung aller selbst diese Mittel geheiligt, und der Erfolg blieb nicht aus. Der heilige Ort tat sicherlich das Seinige.

2016 sollte u.a. der Musicalklassiker *My Fair Lady* in der Stiftsruine gespielt werden. Dieter Wedel, mittlerweile Intendant der Bad Hersfelder Festspiele, fragte mich am Rande des SemperOpernballs, ob ich nicht Lust hätte, die Rolle des Oberst Pickering zu spielen. Der Doolittle war mit Ilja Richter schon besetzt, und so erbat ich mir Bedenkzeit. Der Pickering ist eigentlich eine Schauspielerrolle, die musikalisch nur wenig auf sich aufmerksam machen kann. Aber er ist ein Gentleman vom Mittelscheitel bis zur Ledersohle. Er ist die freundliche Seite der Wette, die das Stück zugrunde legt. Er behandelt ein Blumenmädchen wie eine Herzogin. Das gefiel mir, und ich sagte zu. Dieter Wedel bin ich dankbar, dass er mir die Rolle angeboten hat, und mir bin ich dankbar, dass ich sie angenommen habe. Das Ergebnis: 23 restlos ausverkaufte Vorstellungen, ständig Standing Ovations und viel Spaß mit dem Stück, den Kollegen und dem Publikum. Wegen der großen Nachfrage wird das Stück im nächsten Jahr wieder in der Stiftsruine zu hören und zu sehen sein.

Bei einer Ruine als Kulisse denkt man nicht automatisch an *My Fair Lady*, aber elegante Zelte, englischer Rasen mit Golf-, Pferderennen-, und Kricketflair machen aus dieser urdeutschen Ruine eine *old englishe*. Das Stück ist sowieso unverwüstlich wie *Figaros Hochzeit* oder *Die Fledermaus*. Darüber hinaus darf ich hier mit wunderbaren Kollegen zusammenspielen, mit denen die Arbeit so viel Freude macht, dass wir sie eigentlich gar nicht bezahlt bekommen dürften. Aber das bleibt bitte unter uns.

Es gibt ja auch andere Leute, denen die Arbeit große Freude macht, und sie hat trotzdem ihren Preis. Sandy Mölling, einst bei den No Angels, ist als Eliza nun doch zum Engel mutiert. Ilja Richter gibt seinem Berliner Affen kräftig Zucker, und dabei kommt ein prächtiger Müllkutscher Alfred P. Doolittle heraus. Bei Cusch Jung weiß man nicht, wer besser ist: der Regisseur C. J. oder sein Higgins. In jedem Fall ein Idealfall. Dass ich bei dieser Produktion noch Gertraud Jesserer kennen lerne, die Mrs Higgins grandios spielt, ist mir eine ganz besondere Freude. Eine Grande Dame des Wiener Burgtheaters und des österreichischen und deutschen Films. Bei unseren vielen Gesprächen vermischt sich das Private und Berufliche, sodass bei ihren Erzählungen völlig uneitel und unprätentiös die gemeinsame Arbeit oder Begegnungen mit namhaften Künstlern eine ganze Epoche erwachen lassen.

Sie drehte mit Romy Schneider, Heinz Rühmann und Catherine Deneuve, stand mit Helmut Qualtinger, Helmut Lohner, einigen Hörbigers, Oskar Werner und natürlich ihrem Mann Peter Vogel auf der Bühne, begegnete Mick Jagger und war bei

Arthur Miller in New York zu Haus. Mit André Heller war sie fünf Jahre verheiratet. Sie redet von einem großen Künstlerleben, so normal, wie es ein Kellner, der große Künstler bedient hat, nie könnte. In der berühmten Ascot-Szene trägt sie einen extravaganten Hut, als wäre sie mit ihm auf die Welt gekommen. Die kleine Szene vor Ascot (Mrs Higgins/Pickering) macht mit ihr so viel Spaß, dass sie ruhig etwas länger hätte sein können. Ihren Hund Emilie behandelt sie so liebevoll und nachsichtig, wie man sich das von einem Frauchen erwünscht. Nicht nur als Hund. Die jüngeren Kollegen schätzen sie, kennen sie aber nicht mehr. Aber sie weiß auch das uneitel einzuordnen. Sie kennt sie ja auch nicht. Ihre Anekdoten sind köstlich. Zum Beispiel diese:

Meine erste Theaterarbeit war das Stück *Liliom* von Franz Molnar im Theater in der Josefstadt. Premiere war 1960. Regie: Hans Jaray, Liliom: Heinz Conrads, Ficsur: Helmut Qualtinger, Luise: Gertraud Jesserer. Nach der Generalprobe Kritik im Konversationszimmer.

Helmut Qualtinger: »Brauchst' a Kritik? Komm mit ins Wirtshaus!« Schräg gegenüber dem Theater am Tresen Leopold Rudolf und Oskar Werner. Beide schon nach einigen Runden.

15:00 Uhr.

Qualtinger: »Eine neue junge Kollegin, – werden wir uns merken müssen.« Ich – geschmeichelt, ehrfürchtig und bewundernd. Oskar Werner: »Darf ich Sie zu einem Viertel einladen? Zum Einstand.« Ich – noch mehr geschmeichelt, ehrfürchtig und bewundernd: »Danke. – Aber lieber nur einen G'spritzten (Wein mit Soda).« Der Ober zu H. Qualtinger: »Ein Achtel – weiß oder rot?« Qualtinger: »Seit wann hat der Sliwowitz a Farb?« Ich erstaunt. Leopold Rudolf: »Die nächste Runde geht auf mich. Man muss doch eine junge Kollegin begrüßen.«

15:15 Uhr

Oskar Werner: Ein Viertel, L. Rudolf: Fernet Branca, H. Qualtinger: Sliwowitz, Ich: G'spritzter.

15:30 Uhr

H. Qualtinger: »Die nächste Runde geht auf mich.« (siehe 15:15 Uhr)

15:45 Uhr

Ich (mutig): »Darf ich Sie auf eine Revanche einladen?« Alle begeistert. L. Rudolf: »Aber selbstverständlich. Danke!« O. Werner: »Einer neuen Kollegin darf man nichts abschlagen. Gern!« H. Qualtinger: »Bitte!« Ich zu Oskar Werner: »Wie schön, dass Sie heute keine Vorstellung haben.« O. Werner: »Wieso? Ich hab heut' *Tasso* in der Burg. Aber das ist ja nicht weit.«

*

Mit Ilja Richter teile ich die Garderobe, aber nicht jede Meinung. Es macht Riesenspaß mit ihm zu streiten – kantig und kultiviert – aber keine Rede ohne Gegenrede. Da es mein Buch ist, habe ich das letzte Wort. Er das erste:

DIE SOZIALDEMOKRATISIERUNG DES HERRN EMMERLICH

Von Ilja Richter

So Kritisches hatte ich über seine Lieblingspartei – nach unserem 14-jährigen Dauerdialog (in Intervallen inklusive Kunstpausen) auf dem ost-westlichen Divan unserer Politstreitigkeiten nie zuvor vernommen. Das konnte nicht nur an einer Kanzlerin liegen, die wir uns von Theatertournee zu Theatertournee peu à peu brüderlich zu teilen verstanden.

Wir kennen uns aus mit der Teilung. Vielleicht hatte ich didaktisch praktisch doch bei speziellen Themen so etwas wie einen Hauch von »Zweifel« bei ihm, dem scheinbar immer so Zweifellosen, hinterlassen. Über die Jahre. Unser Schicksals-Stück hieß: *My fair Angie*. (Also tagsüber im Tourneebus anno 2005. Abends dann natürlich MY FAIR LADY. Er als Müllmann Doolittle und ich als Higgins.) 2016 war dann ein Rollentausch während der Festspiele in Bad Hersfeld angesagt: Gunther als Higgins Freund Pickering und ich nun als Elizas a- sozialer Vater Doolittle. Also: Voll-Proll stößt auf Groß-Bourgeois. Nun ja: Rollen kann man wechseln – aber Meinungen? Haltungen?

Meine jahrzehntelange Wut über konservatives Verhalten einer Volkspartei – wie kommen Sie jetzt auf CDU, nein, nein, ich meine damit die alte Tante SPD – hatte mich im Sommer 2016 mit Gunther eng zusammenrücken lassen. Politisch? Nicht unbedingt! Eher praktisch bedingt, denn unser Garderobenverschlag, aus Brettern zusammengezimmert auf Nachkriegsniveau, ließ uns circa 1 ½ Meter Raum für Szenenumzüge und: Gespräche – wie gehabt. Oder doch irgendwie anders?

Wirklich gelassen war Gunther auf unseren Tourneen bei politischen Haltungsfragen nie … Ich aber war auch nicht so locker mit meinem enttäuschten Blick auf untergegangene Utopien. Der Pragmatismus einer Merkel ist nichts für alte Träumer wie mich. Immer wieder kam also die damals noch taufrische Kanzlerin als dauernder Brenner unserer Unterhaltungen aufs Tapet. »Nun lassen Sie das doch mal das Mädel machen«, sagte er einmal fast werbend.

Und heute? Verdammt lang her. Um es mal mit dem Endlied von Professor Higgins auf den Punkt zu bringen: »Ich bin gewöhnt an ihr Gesicht!« Das reicht natürlich nicht für eine wirklich politische Haltung.

Und Opportunismus kann Haltungsschäden hervorrufen. Auch seelische Verkrüppelungen als Spätfolge verfrühter

Formen der Anpassung. Kommen wir zum Thema Geist und Körper, sprich: Körpersprache!

Mit Gunther Emmerlich ist es, was seine Beinarbeit auf der Bühne angeht, folgendermaßen eingerichtet: Während er das rechte Spielbein im Bereich Opernfach auf die Musicalbretter stellt – das Publikum anpeilend –, erinnert ihn das linke mitdenkende Bein daran, trotz alledem den Bühnenpartner dabei nicht ganz zu vergessen. Oberhalb der Gürtellinie steigt dem versierten Sänger daraufhin der jeweilige Text zu Kopf. Dies alles mag für einen Regisseur immer wieder – so auch bei Gunther – eine Herausforderung bedeuten; ich habe eher damit zu tun, meine Konversation mit einem Konservativen mit meinem Restposten linken Bewusstseins in Einklang zu bringen.

Das ist insofern schon sehr schwer,
dass Haltungen
ein Regisseur
dem Mimen so tief einverleibt,
dass dieser sehn muss,
wo er bleibt.
Das Spielbein »meiner« SPD
steht links
nur noch mit einem Zeh,
Nicht »C«, sonst trät mein rechter Schuh
voll rein in Gunthers CDU.
Das wär als Haltung jämmerlich.
Ich wähl zwecks Austauschs … Emmerlich! Das schwört sein Freund und »Dichter«.

Gezeichnet
Ilja Richter

ICH LASSE AUCH ZEIT-**GENOSSEN** ZU WORT KOMMEN

Widerrede
Von G. E.

Ilja Richter ist einige Jahre jünger als ich. Da wir uns schon 15 Jahre kennen – ich schätze mal, wir schätzen uns auch seither –, hätte ich ihm schon längst das Du anbieten können. Aber er ist links-konservativer, als ich je in der Mitte konservativ war, und so hat unser Sie was. Wir gehen fröhlich und ironisch damit um. *Sie Dorfrichter* ist einfach verletzender. *Sie Sängerlein* auch.

Ich glaube, er hat die Weltrevolution immer noch im Tornister, ich hingegen habe den evangelischen Papst schon lange zu den Akten gelegt. Dass er jetzt den Müllkutscher spielt, müsste ihm ideologisch in den Kram passen. Da lässt sich die Ungerechtigkeit der Welt schön antagonistisch vermüllern, und eine Müllhalde kann Nährboden für alles Mögliche sein. Lenin ist zum zweiten revolutionären Anlauf noch mal in die Schweiz gefahren. Richter ist da konsequenter. Man darf gespannt sein, wie er von der Halde aus die Welt verändert.

Bei aller Sympathie, die er dem Taugenichts Doolittle abtrotzen will, kann er aus ihm mitnichten einen Sarastro machen. Die Tunichtgute und Habenichtse sind nicht a priori die besseren Menschen. Das trifft auch auf insolvente Bänker und andere Verzocker zu. Auch da lügt die Wahrheit in der Mitte!

Mir kommt der weit gereiste Human Bourgeois Oberst Pickering gerade recht. Er ist Engländer, und es ist ihm dennoch egal, ob er seine Wette gewinnt. Das Wohl der jungen Frau ist ihm wichtiger. Fairer kann man mit dieser Lady nicht umgehen. Ein feiner Kerl.

Richter ist mehr ein Ausrichter für Veranstaltungen, deren Ziel es ist, vertrauensbildende Maßnahmen zu besprechen.

Auch als Preisrichter im ideologischen Kunstturnen könnte er mit weißem Anzug und roter Krawatte eine gute Figur machen. Ringrichter wäre seine Sache nicht. Jedenfalls muss man sich vor dem Urteil dieses Richters nicht fürchten.

Mein Urteil über ihn: Er ist ein feiner Kerl. Den Proll muss er spielen – und er spielt ihn vortrefflich.

Ihr Emmerlich

*

Wir freuen uns alle schon aufs nächste Jahr. Die konservativen SPDler, genauso wie die linken CDUler. Und ich freu mich auch.

12

KRITISCH GESEHEN

Damit wir uns richtig verstehen: Wenn ich meine Arbeit schlecht gemacht habe, ist eine schlechte Kritik genau das Richtige. Darüber zu lamentieren wäre eitel und dumm. Man sollte eher dankbar sein, denn ein fundierter Verriss ist eine kostenlose Anleitung zum Besseren. Solchen kenntnis- und damit hilfreichen Kritikern sollte der Künstler gelegentlich ein Präsent zukommen lassen. Aber das könnte missverstanden werden.

Durch ausschließlich schlechte Leistungen den Glanz der Berühmtheit zu erlangen ist wahrscheinlich nur dem englischen Skispringer Eddie the Eagle gelungen. Er war der verlässlich schlechteste Skispringer aller Zeiten und wurde als solcher gefeiert. Er war nicht einmal nur ansatzweise gut, und das machte ihn einmalig. Da es seine erklärte Absicht war, immer der Schlechteste zu sein, hat er sein Ziel nie verfehlt. Auch sein Äußeres ließ keinen Sieger vermuten, sodass das einzig Bewundernswerte an ihm sein Mut war. Das ist aber die rühmlich-unrühmliche Ausnahme. Unterhaltsam war's allemal, dieses volkstümliche Springen. So ähnlich ist's beim volkstümlichen Singen.

Kurz nach der Wiedereröffnung der Semperoper hat dort beim regelmäßig stattfindenden Vorsingen einer vorgesungen, der so schlecht sang, wie Eddie the Eagle sprang. Der Vorsitzende der entsprechenden Kommission, der namhafte Gesangspädagoge Kammersänger Professor Johannes Kemter, nahm sich den »Kandidaten« anschließend zur Brust und sagte ihm unverblümt, dass es eine Unverschämtheit gewesen sei, mit dieser Stimme zum Vorsingen in der Sächsischen Staatsoper anzutreten. Der Mann sagte ziemlich gefasst: »Ich weiß, dass ich nicht singen kann, aber ich wollte einmal auf dieser Bühne stehen.« Kemter war entsetzt, aber auch ein bisschen amüsiert. Die Chuzpe dieses Mannes hat er bewundert.

Der Slogan »Theater muss sein!« wird schön dick gedruckt und von mir schön dick unterstrichen. Mit der Kritik verhält es sich ähnlich. Gute Kritik (das kann auch eine schlechte sein) gibt Orientierung, setzt Maßstäbe, sowohl erfüllte als auch unerfüllte, ist meinungsfreudig und damit griffig und – muss sein. Dass Kritiker gelegentlich irren, ist ihr gutes Recht. Kritiker sehen es sicherlich sehr kritisch, dass Leser, Hörer und Zuschauer ihrer Kritik nicht immer Folge leisten. Ein vernichtender Verriss führt nicht zwangsläufig zu leeren Sälen. Manchmal ist gerade das Gegenteil der Fall.

Die *Dreigroschenoper* in Berlin, inszeniert von Klaus Maria Brandauer, bei der Campino, der Frontmann der Toten Hosen, die Hauptrolle spielte, wurde in Grund und Boden geschrieben. Für das Publikum war das kein Grund, dort nicht hinzugehen. Diese Dreigroschenoper war immer ausverkauft. Dagegen gibt es vom Feuilleton umjubelte Werke und Inszenierungen, die quasi unter Ausschluss der Öffentlichkeit stattfinden. Das Publikum ist, bei allen gut gemeinten und solide durchdachten Inszenierungen und Rezensionen, dennoch die große Unbekannte. Der Erfolg ist nicht programmier- und kalkulierbar.

Es macht große Freude, in guten Stücken und Inszenierungen zu spielen. Wenn das Publikum ausbleibt, ist die Freude getrübt. In weniger guten Stücken und (oder) Inszenierungen zu spielen ist mühselig. Wenn dort die Säle voll sind, wird die Mühsal erträglich. Was dann bleibt, ist die Hoffnung auf bessere Stücke mit ähnlich großem Erfolg.

Es irrt der Mensch, solang er strebt, und bisweilen sind auch Kritiker Streber. Es gibt großartige und schmeichelhafte Kritiken, die von Unkenntnis nur so strotzen, dass man sie zu den schlechten zählen muss. Obwohl sich die eigene Eitelkeit dagegen sträubt. Manch schlechte Kritik endet mit den Worten: »Dem Publikum hat's gefallen.« Da muss sich der Künstler nun entscheiden, an wem er sich orientieren möchte. Eine nicht ganz unlogische Orientierungshilfe wäre die Umkehrung: Dem Kritiker hat's gefallen, dem Publikum nicht. Das ist auch nicht der Königsweg.

Völlig meinungsfreie Kritiker sammeln willkürlich drei Besucherstimmen und lassen die dann abdrucken. Und das soll dann die Meinung des Publikums verkörpern in Ermanglung einer eigenen Meinung. Gewissermaßen 3 aus 300. Wir wissen, wie schwer es schon ist, bei 6 aus 49 drei Richtige zu haben. Dass Kulturredaktionen in unseren Zeitungen oft unterbesetzt sind, auch von der Anzahl der Mitarbeiter her, ist ein beklagenswerter Zustand. Kurzfristige Sparmaßnahmen führen da zu langfristiger Verblödung.

Kritiker wie Alfred Kerr, Friedrich Luft oder Marcel Reich-Ranicki waren sicher einmalige und geniale Vertreter ihrer Zunft. Von denen nur erwähnt zu werden, galt als Ritterschlag. Solche Persönlichkeiten sollten Maßstab und Orientierung für das Feuilleton sein und bleiben. So, wie für Sänger Dietrich Fischer-Dieskau, Peter Schreier und Elisabeth Schwarzkopf. Wenn wir uns alle – Kritiker und Sänger – an diesen sechs Ausnahmeerscheinungen messen lassen müssten, wären gute Kritiken Mangelware. So oder so.

Über die Summe aller Kritiken, die sich mit meiner Wenigkeit beschäftigten, kann ich mich nicht beschweren. Denn die positive Resonanz meiner Arbeit überwiegt. Selten hat man mich zu Unrecht in die Pfanne gehauen. Weitaus öfter hat man mich zu Unrecht gelobt.

Kurioses gibt es immer wieder:

In Hamm in Westfalen hatte ich mal ein Konzert mit Chor und Orchester. Im ersten Teil gab's Lieder, und im zweiten Teil gab es Arien, Chöre und Szenen aus verschiedensten Opern. Der Kritiker hatte an diesem Abend offenbar noch andere Termine, und so verließ er zur Pause unser Konzert. Er bescheinigte in seiner Kritik, dass wir die Lieder sehr schön musiziert hätten, aber man hätte gern vom Opernsänger Emmerlich Arien und Opernszenen gehört. Die Kritik stand also unter dem Motto »Was ich nicht höre, hat auch nicht stattgefunden.« Beim Publikum fand dieser Teil besonders großen Anklang.

*

Eine sehr passable Kritik durfte ich einst lesen nach einem Konzert, welches aus Krankheitsgründen abgesagt wurde.

*

Ende 2007 gab es in der Semperoper die Premiere von Franz Lehárs *Die lustige Witwe*. Eine sehr schlechte Inszenierung von Jérôme Savary aus Paris. Diese glanzvolle deutsche Operette wurde einst für Savary's Pariser Inszenierung textlich bearbeitet. In dieser Bearbeitung wurden postkoloniale Umstände und Verhältnisse Frankreichs aufs Korn genommen.

Die koloniale Zeit Deutschlands war 1918 beendet. Und so war es keine gute Idee, diese französische Fassung der deutschsprachigen Operette eins zu eins ins Deutsche zurückzuübersetzen, weil es ja in dieser Sprache eine Originalfassung gibt. Der Ansatz war falsch, die Inszenierung war schlecht, und ich war auch nicht gut. Das ist der Kritik nicht verborgen geblieben. Bravo!

*

In bunten Zeitungen stand auch schon mal, dass ich ein berühmter Tenor sei. Das hat sicherlich kein berühmter Journalist festgestellt.

13

GESCHÜTTELT UND NICHT GERÜHRT

Wer am Spiel mit Worten Freude hat, versucht sich irgendwann an einfachen Vierzeilern, vielleicht auch an Limericks, Palindromen, Schüttelversen und anderen formalistischen Sprachspielereien. Seit ich dem Sandkasten entsprungen bin, spiele ich gern Theater, Gitarre, Tischtennis und ebenso freudvoll mit Worten. Letzteres beschränkt sich bei mir auf Prosatexte, wo ich mich bemühe, inhaltlich verwurzelt zu bleiben, ohne konstruktionistische Verzettelungen. Bei Schüttelversen wird meist der Inhalt der Form geopfert, und man bewundert beim Lesen der kleinen »Kunstwerke« die vollendete Machart, ohne vom Inhalt restlos überwältigt zu sein. Bei Limericks und anderer zirzensischer Sprachequilibristik ist es oft ebenso.

Den früheren Chefdramaturgen der Sächsischen Staatsoper Dresden Eberhard Schmidt, den Solorepetitor des gleichen Hauses Klaus Bender und meine Wenigkeit verband über viele Jahre hinweg die o. g. Lust, und so saßen wir sehr oft in der Kantine der Staatsoper und alberten relativ unerwachsen mit Worten. Eberhard sagte nicht »Mahlzeit«, wenn er die Kantine betrat, sondern »Maulzeit«. Er empfand die Komische Oper als komische Oper, was ihn aber nicht davon abhielt, in den frühen 80er-Jahren an der Komischen Oper Chefdramaturg zu werden. Komisch. Er war ein Großmeister der Limericks. Hier zwei »Werke« aus seiner Feder:

»Ein Stehgeiger geigte im Stehen.
Wie er's bei Kollegen gesehen.
Doch Steh'n auf der Stelle,
das schien ihm die Hölle.
Nun übt er das Geigen im Gehen.«

»Unsinn und Sinn können lehren,
sich nicht um Begriffe zu scheren.
Sieht man genau hin:
Sinn kann in Unsinn,
Unsinn in Sinn sich verkehren.«

Es gibt aber auch sehr ordinäre Reimereien, vor deren Weiterentwicklung Eberhard Schmidt nicht zurückschreckte. Ein jeder kennt den wenig stubenreinen Zweizeiler:

»Scheiße in der Lampenschale
bringt gedämpftes Licht im Saale«

Der hochintellektuelle Eberhard war sich nicht zu schade, diese bekannte Afterart um zwei Zweizeiler zu bereichern:

»Scheiße auf dem Schnapprollo
ist nicht schlimm, es spritzt nur so«

»Scheiße auf dem Geigenbogen
wird mit hin und her gezogen.«

Der damalige Chefregisseur der Sächsischen Staatsoper Prof. Harry Kupfer betrat just in dem Moment, als wir uns köstlich über die neuesten »Werke« seines Chefdramaturgen amüsierten, die Theaterkantine und fragte, worüber wir so ausgelassen lachen. Wir gaben andere Gründe an.

Als der Freiberger Domorganist Hans Otto den Kunstpreis der DDR erhielt, schüttelte sein guter Freund Klaus Bender einen Zweizeiler mit der groß gedruckten Empfehlung:

AUF DEM KLO AUFZUHÄNGEN
»Hier ist auch ein Kunstpreisträger
noch sein eig'ner Dunstkreispräger«

Von Hans Otto selbst stammt der sehr deftige, aber auch sehr lutherische Schüttelvers:

»Bedenk des Lebens kurze Frist
drum iss und trink und furze, Christ.«

Die Schüttelverse, Limericks und andere Spitzfindigkeiten meines jahrzehntelangen Freundes, Pianisten und Organisten Klaus Bender gehören zum Einfallsreichsten und Witzigsten, was ich diesbezüglich je las. Es sind kleine Kunstwerke, die dieser Seitenlinie der Literatur alle Ehre machen. Die formelle Freude ist ohnehin garantiert – die Freude am humorvollen Inhalt steht dem aber auch nicht nach.

Klaus Bender meint, ich sei der beste Interpret seiner literarischen Wortspielereien, und er fügt hinzu: »Wahrscheinlich bist du auch der Einzige ...« Das muss ja nicht so bleiben. Tatsächlich begleiten mich diese fein gedrechselten Zeilen – wie ihr Verfasser – seit Jahrzehnten. Sie gehören zu mir, in meine Programme und also auch in dieses Buch:

MUSIK UND LITERATUR

MUSIKTHERAPIE
Leberleiden haben Leute
die lasterhaft sich laben heute.
Bei Aufenthalt in Heilanstalten
kann Besserung dann steil anhalten,
wenn zur Kur Gesänge klingen,
Patienten »Freischützklänge« singen;
denn Therapie durch Weberlieder
regeneriert die Leber wieder.

*

DIE OPERNDIVA
Sie hatte prächtig lange Kleider,
doch Töne schrill im Klange leider,
sang lauthals von Verlassenheit,
ihr sei nun Lieb' und Hassen leid.
So sehr ging ihr der Schmalz zu Herzen,
dass ihr begann der Hals zu schmerzen.
»Komm Tod«, hob das Gewimmer an,
man wartete nur immer: Wann!?

*

Über angebliche Dummheit von Tenören wurde schon viel geschrieben, wird aber von den Tenören, die lesen können, hartnäckig bestritten. Kein Wunder, dass manche Musik nichts taugt, wenn so viele Noten Hals über Kopf hingeschrieben werden.

*

RITAS KLEINE NACHTMUSIK
Ihr Freund, der macht Musik nachts,
und diese Nachtmusik macht's,
dass sie sich wünscht ein eigen' Zimmer.
Dort würde sie ihm zeigen immer,
wie man spielte zu vier Händen,
auch wenn sie kein Klavier hier fänden.

*

EHRGEIZ
Die Tochter, die sollte sich zeigen
und wurde genötigt zu geigen.
Jedoch klang ihr Streichen
zum Steineerweichen –
das ließ sich nicht lange verschweigen.

Das Lieblingsstück für den Streichernachwuchs ist ein italienisches »Menuetto kratzioso.«

*

KRITIK
Jeder, der auf Lob versessen,
hält dies auch für angemessen.
Erfahrung aber lehrt indessen,
Lob und Tadel zu vergessen.

*

Ein älterer Musiker beschloss, streng nach demokratischen Regeln, seine Karriere erst dann zu beenden, wenn seine richtig gespielten Töne im Verhältnis zu den falschen nicht mehr die Zweidrittelmehrheit erreichen.

*

FAUST UND GRETCHEN
Berührt vom Reiz der gar so Holden,
den Grübchen und dem Haar so golden,
von ihrer Schönheit gleich berückt,
ward er mit Liebe reich beglückt. –
Sie musste für die Grübchen büßen,
als »Faustpfand« ließ ein Bübchen grüßen!

*

Ein richtiger Gutmensch will selbstlos stets nur sein Bestes.

*

EGOMANIE
Die Welt, so glaubt der Egoist,
bezogen auf sein Ego ist,
und tief im innersten Bewusstsein
muss dessen sich die Welt bewusst sein!

WELTWEITER SPRACHBEZUG
Wie eng verknüpft der Sprachgebrauch,
zeigt sich bei Schmidts im Haushalt auch.
Die Putzfrau namens Takahashi
macht deutsch-japanisch wishi-washi.

*

Wer mit seinem Latein am Ende ist, dem helfen auch andere Sprachen nicht weiter. Populär ist allerdings das deutsch-lateinische Schimpfwort: Alter Ego!

*

Früher war Grammatik ganz einfach: »Arbeiten« war ein Tätigkeitswort, »faulenzen« ein Untätigkeitswort usw. – da gab es keine verbalen Entgleisungen.

*

Fragen von Getrennt- oder Zusammenschreibung löst man oft instinktiv richtig, z. B. richtig: Urinstinkt, dagegen falsch: Urin stinkt.

*

KRIMITIME
Man hat's zu Anfang schon gesehn,
hier war's um die Person geschehn.
Der Täter freilich wusste mehr,
schnell aus dem Wege musste wer.
Das Opfer war Herr Hagen-Weber,
erschlagen mit dem Wagenheber! –
Ob da ein Auftraggeber war,
vielleicht Frau Hagen-Weber gar?

*

Auch Gewissensbisse hinterlassen Bisswunden.

Am liebsten sehe ich Thriller
mit einem poetischen Killer.
Der lässt seine Leichen
in Säure zerweichen
und liest dabei Goethe und Schiller!

*

Das passende Getränk für solche Krimigucker ist ein Hitchcocktail!

*

TV-Sendung: »Die Kriminalpolizei rät« – Wissen wäre besser!

*

DICHTUNG UND WAHRHEIT
Ein großer Fan moderner Dichtung
macht Verse exklusiver Richtung
mit sinnfrei ganz abstrakter Sichtung. –
Ein Klempner aber fühlt Verpflichtung,
ist bei Streit bemüht um Schlichtung
und bürgt zudem für seine Dichtung.

*

SCHÜLERAUFSATZ

Gestern waren wir zur Schlossbesichtigung. Das war sehr schön. Das Schloss ist groß und besteht aus einem Westflügel, einem Ostflügel und aus einem Konzertflügel. Oben unterm Dach sind auch noch kleine Zimmer, das sind die Gesindelstuben. Um Mitternacht kommt das Gespenst und spuckt herum. Es war vor 300 Jahren ein Schlossherr, aber der wurde totgemacht. Auf alten Bildern kann man ihn sehn, da war er noch lebendig, jetzt ist er ein Geist. Der Graf heute ist ein adliger Herr, seine Frau aber nicht, weil die stammt aus dem Volke. Die Kommunisten haben den Graf sein Schloss weggenommen, und jetzt ist alles wieder seine. Das ist die Gerechtigkeit. Wenn ich groß bin, will ich auch mal Graf werden.

*

EINE LITERARISCHE WANDERUNG

Das Eichendorff im Lande liegt,
wo Grimms und auch die Fallersleben,
der Eschenbach ins Tal sich schmiegt
die Vogelweide ist ganz eben.
Im Heine nah am Badeplatz,
da stritt sich einst der Ringelnatz
wie wild mit seiner Ringelnatter,
er stritt stärker – sie Strittmatter.
Der Lenz alsbald zur Rast verlockt,
auf grünem Zweig ein Raabe hockt.
Im dichten Busch Kant er sich aus,
und sein Gefieder war ganz Kraus.
Der smarte Rehfisch trank Genever,
hier sind sogar die Hasenclever.
Ein Wanderweg durchs Hofmannsthal
führt Mühsam in die Höh',
zum großen Lichtenberg Brecht auf,
tun auch die Knochen weh!
Der Aufstieg – Mannomann – ist Grass
(selbst Eugen Roth, der würde blass),
das macht die dicken Bürger platt,
setzt aber auch die Dürrenmatt.
Da ist so mancher nicht mehr Frisch,
Erschöpfung droht zu Hauff,
das Hauptmann bettet im Gebüsch
und gibt am Ende auf.
Ein Goethe wüsste Freiligrath
Und wäre Herder Lage,
und was er mit dem Klopstock tat,

ist nicht die Gretchenfrage.
Man will jetzt bei der Fichte hocken,
bei Leibniz-Keks und Schiller-Locken,
beim Biermann sammeln sich die Zecher
und leeren hier voll Freud die Becher.
Das Fass wird leer und voll die Herrn,
am Himmel blinkt der Morgenstern!

*

PERFEKTER ÜBERSETZER
Ein Fährmann hat beim Übersetzen
die Last der Ladung einzuschätzen
und muss dabei auch darauf sehn,
die Passagiere zu verstehn.
Wenn Ausländer da radebrechen,
vielleicht gar Dialekt noch sprechen,
und er versteht den Dialekt,
dann passt er für den Job perfekt.
Der Fahrgast staunt zu guter Letzt,
was er so alles übersetzt!

EROTIK UND PARTNERSCHAFT

Hätte Sigmund Freud nicht die Erotik im Unterbewusstsein psychologisch ergründet, wir wüssten bis heute nicht, was uns daran so gut gefällt.

*

CASTING
Sie wollte, dass im Rampenlichte
auf sie man alle Lampen richte,
und nur auf sie, Simone, achte,
weshalb sie »oben ohne« machte.

Die Reize nackter Leiber, wisst,
sind Ursprung aller Weiberlist!

*

Adam und Eva lebten streng vegetarisch,
sie kleideten sich sogar rein pflanzlich.

*

AN MEIN FLEISCHIGES LIESCHEN
Geliebte Liesel, du bist eine Kecke,
mit Formen so rundlich, am Leib keine Ecke,
und Schenkel, die wahrlich nicht klein beide,
sitzen ganz prall dir im Beinkleide!
An Größe zwar hast du nur unteres Maß,
doch bist du dabei ein ganz munteres Aas!
So habe ich immer gewusst, Liese,
du kommst noch zu mir auf die Lustwiese!

*

FRÜHLINGSGEFÜHLE
Zeigt's Wetter dann und wann sich milder,
zeigt so mancher Mann sich wilder!
Schon tummeln sich am Teich Nudisten,
vielleicht siehst auch den Storch du nisten.
Ein Keiler sucht sein Glück am Stausee,
hofft sehnlichst, dass dort eine Sau steh',
und Hundepärchen, heiß und läufig,
lieben sich jetzt leis und häufig. –
Nur ich tu' mich tatsächlich schwer,
bin frühjahrsmüd' und schwächlich sehr.

*

DEZENTE AUFKLÄRUNG
Gewisse männliche Einwirkung
bei weiblich entsprechender Mitwirkung
hat oftmals erstaunliche Auswirkung
mit lang andauernder Nachwirkung!

*

Fehlende Gleichberechtigung der Frau liegt oft am gar nicht so »holden Gatten«, daher der Name Ehmannzipation.

*

DER NÄCHSTE BITTE!
Ein frommes Callgirl sprach davon,
es sähe solches als Mission
und als Gebot der Nächstenliebe,
dass man nonstop den Nächsten liebe.

*

Ein sehr gebildeter Freier schwärmte bei seiner Dame euphorisch von ihrem wunderbaren »Corpus Delicti.«

*

DER »REIGEN«
Sie nahm zuerst sich heut den Franz,
bevor sie drauf erfreut den Hans,
dann liebte sie am Rhein den Heiner
und last not least im Hain den Rainer.

*

Vom Pfad der Tugend niemals abzuweichen,
das gelingt nicht mal den Pfadfindern.

*

Nichts gegen Blondinen, es sind unsere hellsten Köpfe!

BODYGUARDS
Ob manchen Mannes Leibwachen
konnt' manchen Mannes Weib lachen,
denn Wächter, die da wachen sollten,
bei ihr ganz andere Sachen wollten!

*

DES RITTERS ERBE
Der Herrin fehlt die Minne sehr,
erregt doch nichts die Sinne mehr. -
Ein Recke kam, das Leid zu mindern
und Nöte dieser Maid zu lindern.

*

EHELICHE ENTWICKLUNGSSTUFEN
Eintracht – Sexgelüste
Zwietracht – Streitgelüste
Niedertracht – Mordgelüste

*

Erst verhalf ihr Mitgift zu einem reichen Manne,
dann verhalf sie mit Gift sich zur reichen Witwe.

*

Es braucht viel Mühe, ehe man
voll tauglich ist als Ehemann,
und mancher, der noch jung, gesellig,
lebt später lieber junggesellig.

*

Wenn ein Schotte zum Geburtstag seiner Frau
mal ganz spendabel ist, schenkt er ihr Gehör.

NATUR PUR

Lässt's dem Schreiber keine Ruh', ob wirklich er was Gutes schafft, er wende sich dem Tierreich zu, dann schreibt er immer fabelhaft.

*

FRUSTRIERTER EISBÄR
Anstatt dass sie nach Liebe trachte,
die Bärin seiner Triebe lachte!
Vergrämt schwamm er zur Eisscholle
und dachte bei sich: Scheißolle!
Womit wir nun im Bilde wären:
So menschlich fühlen wilde Bären.

*

VIRTUOSEN IM ZOO
Der Lamahengst ist Spitzenreiter,
am Gatter durch die Ritzen speit er,
indem die Zunge spielend zuckt,
er auf Besucher zielend spuckt!

*

ZWECKENTFREMDUNG
Als Hausratten
es raus hatten,
dass Staubecken
im Bau stecken,
zogen sie an Lattenrändern
hin zu neuen Rattenländern.
Moral: Es dienen Lattengerüste
mitunter auch für Rattengelüste.

*

MENSCH UND FLORA

BERUF UND LIEBLINGSPFLANZE

Glasbläser	–	Pusteblume
Schmied	–	Huflattich
Heizer	–	Brennnessel
Schneider	–	Fingerhut
Pfarrer	–	Himmelschlüsselchen
Psychiater	–	Neurose

*

Die wertvollste Symbiose aus Flora und Fauna
ist eine Goldammer, nistend in einer Silberpappel.

*

Im ornithologischen Ordnungssystem gehört der
»Komische Kauz« zur Gattung der Spaßvögel.

*

Ein Kauz ist schnell in Wut gebracht,
wenn schlecht das Weib die Brut bewacht!

*

Auch die Natur ist nicht immer vorbildlich. Es heißt zwar, dass Holz arbeitet, aber es gibt auch viel faules Holz!

*

BOTANISCHE MIGRATION
Beim Frühlingswiesenallerlei
steht der Krokus voll im Fokus
und zeigt auf Griechisch nebenbei:
Global sein ist kein Hokuspokus!

*

DAS MONUMENT

Ein Ochse stand am Wiesenrand
verblüfft vor einer Riesenwand.
Er grübelte, was das wohl war,
das Machwerk hier stellt was wohl dar?
Darob er nun auf Dauer sann
und grunzte laut – stinksauer dann!

*

Nach der antiken Kunst von ebenmäßiger Schönheit
bleibt uns nur die Kunst von eben mäßiger Schönheit.

*

Die Mammuts einst als Riesenrassen
beim Grasen sich um Rasen rissen,
und wer sie traf auf Wiesenwegen,
dem schwante, was die Wesen wiegen!

*

Namen, so wie Sören, Hagen,
kenn ich nur vom Hörensagen.
Mit Liese hab ich keine Mühe,
so heißen alle meine Kühe.

*

EIN GANG DURCH WALD UND FLUR

Die Fruchtbarkeit in Fülle dort
lebt bildlich als Idylle fort:
'ne Wildsau säugt die Frischlingsmeute,
die Hündin sich des Mischlings freute,
im Bach stehn die Forellen stumm
an ihren Lieblingsstellen rum,
zwei Hirsche auf der Lichtung raufen
und dann in andre Richtung laufen.

Am Waldrand, wo ich indes weile,
da droht ein Sturm in Windeseile!
Jetzt querfeldein die Hasen rennen,
und schnell zum Stalle rasen Hennen,
denn dorthin kann kein Fuchs gelangen,
auch wird kein Huhn vom Luchs gefangen.
Die Vögel ihr Gelege wärmen,
Traktoren auf dem Wege lärmen,
'ne Kröte wird vom Specht geschluckt,
na, der hat dann nicht schlecht gespuckt.

*

Merke: Es kam auch ohne nasse Kröte
manch Schluckspecht schon in krasse Nöte!

NACHWUCHSPROBLEME

Eingriffe in ursprüngliche Lebensformen haben schwere Folgen. Man hat die Kannibalen bekehrt, und schon droht der Erde Überbevölkerung!

*

DER GOLDENE REITER
Wie war der Sachsen Boss schlau
und stark nicht nur im Schlossbau!
Wer nennt all die Namen doch
jener vielen Damen noch,
der Gräfinnen und Kindermädchen,
die Cosel und nicht minder Kätchen,
die er geliebt in Tracht und Prunk
bei Festen voller Pracht und Trunk? –
Teils weniger, teils mehr verehrt,
hat stark die Sachsen er vermehrt.

Ein Nachahmer hatte deutlich weniger Erfolg.
Fünf Kinder waren die Quintessenz seines Lebens.

*

LÄSTIGER BESUCH
Klein Erna verschämt in die Ecke floh,
ihr Sessel zeigt deutliche Flecke, oh!
Die Mutter ruft klagend: »Ach nicht doch,
daheim vorhin war sie ganz dicht noch!« –
War man zuvor sich noch zugeneigt,
hat dann sich Verstimmung im Nu gezeigt. –
Den Hausherrn ärgert es innen sehr,
so spricht nach längerem Sinnen er:
»Tut euch nicht das Sitzfleisch am Hintern weh?
Ihr wollt wohl noch hier überwintern, he!?«
Moral: Wer Höschen samt Sesseln netzt,
als Gast sich leicht in die Nesseln setzt!

*

Die Natur gleicht vieles aus. Wer eine schwache Blase hat, hat vielleicht eine starke Brille.

*

VERDRUSS
Der Ralf, in Mathe nicht gelehrsam,
(sein Trieb zum Lernen war da sehr lahm)
wollte nicht als Hausaufgaben
Tabellen von Herrn Gauß aufhaben.
Er fand, was man da wissen müsste,
er durchaus auch zu missen wüsste.

*

Lieber mal hilflos in der Grundschule
als grundlos in der Hilfsschule.

SPUREN DER VERGANGENHEIT

URSPRÜNGE
Wer war nun wirklich der Yeti?
So fragen sich Krethi und Plethi.
War er ein Sohn
aus jener Region,
dem Fundort nach ein Nepaleti?

*

VERMISST
Bei Reisen zu Wasser schon oft wer verschwand,
ward angespült manche Touristenleiche.
Penelope einst den Verlust schwer verwand:
Verschollen Odysseus, der Listenreiche! -
Ihr Lebenslauf schien unabwendlich zu enden,
da gaben die Götter als weise Retter,
gewillt, dieses Schicksal nun endlich zu wenden,
zur Heimkehr ihm günstiges Reisewetter.

*

DER STREITBARE RITTER
Mit Wein und Minne macht er Schluss,
wenn zu Kampf und Schlacht er muss,
will hohen Lohn als Sieger kriegen,
nur kann nicht jeder Krieger siegen.

*

Was für Ritterhelden die Lanze,
war für Stummfilmhelden die Torte.

*

DER REFORMATOR
Hat kraftvoll so manchen Choral gesungen,
von Zweifeln in Klosters Zelle gequält,
in seelischer Not und Drangsal gerungen,
für ihn hat des Zweifels Quelle gezählt!
Zu Wittenberg, Worms oder Eisleben,
durch aufrüttelnd mannigfaltiges Wort,
mutig im Streite, nicht immer leis eben,
setzt' er sein Werk, sein gewaltiges, fort.

*

Gottesbeweis: Kein Luxusschiff der Welt bietet volle Garantie gegen Seekrankheit, aber jedes Kirchenschiff!

*

In Preußen gaben sich Selbstmörder im Ernstfall standesgemäß die Kugel, was in Österreich mit der Mozartkugel total anders ausging.

*

Lieber einen Gedanken durch den Kopf gehen lassen als ein Geschoss!

*

Viele große Geschlechter sind ausgestorben. Bei manchen ruhen letzte Hoffnungen noch auf kleinen Geschlechtsteilen.

AUS DER ARBEITSWELT

Ähnlich den Mönchen wird das Leben der Kleingärtner bestimmt von Beeten und Arbeiten.

*

BEWEGUNGSTHERAPIE
Trachte nicht nach Kartengunst,
sondern mehr nach Gartenkunst!
Bück dich, mach den Rücken krumm,
nicht mit Fleiß beim Jäten sparen,
dann läufst du nicht mit Krücken rum
und bleibst noch fit in späten Jahren.

*

BERUFSSCHÄDEN
Ein Donkosak, von Rang Rittmeister,
war beim Heer, und damit reist er.
Nicht mittendrin nur reist er mit,
nein, an der Spitze meist er ritt!
Doch krümmten sich die Hacken sehr
durchs Reiten im Kosakenheer,
und beim Galopp im weiten Rund
ward's Hinterteil vom Reiten wund.

*

Um sich auf seine »Vier Buchstaben« setzen zu können, muss -ch- ein Buchstabe sein.

*

TIPPS FÜR REDNER
Sprich nicht zu schnell und hitzig weiter,
sei deutlich, auch mal witzig, heiter,
die Diktion sei rein und klar,

Versprecher möglichst klein und rar.
Ist jedoch der Rede Inhalt
bedeutungslos und ohnehin alt,
sprichst du lang und umständlich,
dann sei lieber stumm endlich.

*

Nirgendwo geht es so geistreich zu
wie auf spiritistischen Sitzungen.

*

ZWEI NÄHERINNEN
Die eine am Nähtisch stets heiter beschwingt,
die andere mürrisch, weil nichts ihr gelingt.
Die erste geschickt,
die zweite geknickt –
Geschicklichkeit war hier genähtisch bedingt.

*

Wenn einem immer alles zufiele, wäre das nur reiner Zufall.

*

Bauer sucht Frau: Lieber 'ne Miss in der Landwirtschaft
als ein Land in der Misswirtschaft!

ALKOHOLISCHES

EIN PROSIT!
Dem Ernst, das zeigt Intelligenz,
erschloss sich dies als Quintessenz:
Selbst die totale Abstinenz
bürgt nicht für lange Existenz.

*

»Ein Glas mehr oder weniger, was macht das schon …«, lallte an der Bar der Zecher. – Der Barkeeper wusste es: 5,80 Euro.

*

WER IMMER STREBEND …
Der Mensch an sich sucht jederzeit
vergebens nach Vollständigkeit,
doch einer fand sie, und fand's toll,
ist jetzt vollständig – ständig voll.

*

Das Ausmaß einer Sauftour am Abend verhält sich zum Erinnerungsvermögen am nächsten Morgen oft umgekehrt proportional.

*

BIER HER, BIER HER …
Wer Gerstensaft mit Hopfen trinkt,
sein Geld gelegentlich versäuft,
leicht schwankend von dem Tropfen hinkt
und auf dem Heimweg sich verläuft.

*

Alkoholfreies Bier schmeckt sofort deutlich besser, wenn man einen Schnaps dazu trinkt.

DIE FIESE REBLAUS

Auf Gemälden, groß auf Leinwand,
sieht man wunderbares Weinland.
Doch unter Läusen leben Rassen,
die können nicht von Reben lassen,
und einstmals zog die Rebenlaus
den Reben alles Leben raus. –
Die Winzer harte Zeiten plagten,
verlustreich sie nach Pleiten zagten.
Es fehlt nicht nur zum Fest der Riesling,
nein, allem gab den Rest der Fiesling!

*

ANREGENDES GETRÄNK

Des Morgens früh ein »Riesling-Spätlese«
bewirkt, dass ich von früh bis spät lese.

*

Ein bekennender Alkoholiker, nach der Farbwahl seines künftigen Autos befragt, wünschte sich ein sattes Sternhagelblau.

REISEN UND SPORT

»An den Baum fahren« ist zwar der schnellste, aber nicht der einzige Weg zu engerem Kontakt mit der Natur.

*

CHEFFAHRER

Der Sepp lag fest bei einer Fahrt,
da sprach sein Chef in »feiner« Art:
»Sei doch nicht so schlapp, Sepp, eil,
und sorge für ein Abschleppseil!«

Wenn das Auto nicht blitzt und blinkt, ist Letzteres das Schlimmere.

*

DER BERGSTEIGER
Der Tag war so ein widrig nasser,
die Flüsse führten Niedrigwasser,
da brach er auf zur »Steilen Wand«,
wo bald er zum Verweilen stand.
Nicht lang er übers Wetter klagte,
sondern das Gekletter wagte! –
Der Auftrieb ist dem Steiger eigen,
auf Jungfrau-, Mönch- und Eigersteigen.

*

DER TORKEEPER
Stand seinen Mann beim Eishockey
in Kämpfen wild und heiß,- okay.
Doch sterblich war der echte Recke
bei Schüssen in die rechte Ecke.

*

KNÖLLCHENVERTEILER
Weibliche »Bullen«, genannt auch Bulletten,
zählen als Frauen nicht grad zu den netten,
denn Kraftfahrer aller Art finden natürlich
Strafgebühren ungebührlich!

*

Lieber einen Merkzettel verlieren, als einen Strafzettel erhalten.

*

Wer immer wieder Mist macht, zeigt Größe in der Beständigkeit.

WETTEIFER
Wann immer ich 'ne Rennbahn sehe,
wo Pferde um die Wette wetzen,
da muss, weil ich auf Pferde stehe,
ich dann auch auf dieselben setzen.

*

Beim Reitsport bringt der seitliche Abstieg vom Pferd immer die deutlich höhere Wertung.

GESUNDHEIT UND SCHÖNHEIT

»Lachen ist gesund«, sagte der Hypochonder – und lachte sich krank.

*

ERNÄHRUNGSBERATUNG
Der Doktor sprach eindringlich über Gewicht
und warnte vor schädlichem Übergewicht,
doch umgekehrt fiele unter Gewicht
das ebenso schädliche Untergewicht.

*

Lieber schwach und leichtsinnig als leicht und schwachsinnig.

*

KRANKHEIT UND ZUSTÄNDIGKEIT

Nerven	–	Neurologie
Depression	–	Psychologie
Blase	–	Urologie
Haut	–	Dermatologie
Hühneraugen	–	Ornithologie

BELEIBTE DAMEN
Betroffene in vielen Ländern
sind bemüht, an den Gewändern
oben, unten und an Rändern,
umfangmäßig straff mit Bändern
zu ihren Gunsten was zu ändern.

*

Modemacher kennen sich aus mit guter Bekleidung, sie sollten auch politische Ämter bekleiden.

*

NOMEN EST OMEN
Wellnesskur in Hinterzarten
bringt Entschlackung aller Arten
und sorgt in Sommern wie in Wintern
für Traumfigur und zarten Hintern.

*

Lieber leicht regeneriert als schwer degeneriert.

*

BEDRÄNGNIS
Auch Menschen von höherem Range
erliegen organischem Zwange.
Im späteren Leben
geht manches daneben
als Folge von innerem Drange.

*

Es gibt nur fünf Kontinente, aber fünf Millionen Inkontinente.

GESELLSCHAFTSKUNDE

Für manche Journalisten ist der Umsatz ein vollständiger Hauptsatz.

*

REPORTERIN AUF JAGD
Wo andere nach Akten fahnden,
Verfehlungen mit Fakten ahnden,
schürt sie Gerüchte, höchst brisante,
'S war Klatsch und Tratsch, wofür sie brannte.

*

Wenn eine junge Frau in lauer Sommernacht leise vom Balkon ruft: »Die Luft ist rein!«, kann das heutzutage auch ökologisch gemeint sein.

*

FINANZKRISE
Wenn Großbankenunternehmen
hoch riskant sich übernehmen,
dann bringen solche Einfälle
der Wirtschaft schlimmste Ausfälle.
Dabei fällt durch schweren Leichtmut
mancher tief – und leicht in Schwermut.

*

Was letztlich nur des Bänkers Heil,
trifft Kunden wie des Henkers Beil!

*

Lieber gute Ein- als schlechte Auskünfte.

WIE GEWONNEN, SO ZERRONNEN
So sagt der Volksmund – und hat recht,
die Aktien stehn mal gut, mal schlecht.
Prognosen aber daran kranken,
dass die Kurse dauernd schwanken.
So bleibt's beim alten Ärgernis:
Nur Ungewissheit ist gewiss.

*

Selbst ein Neunmalkluger irrt sich spätestens beim zehnten Mal.

*

Das Gegenteil eines großen Vermögens ist nicht immer Unvermögen.

*

Erblasser lassen Enterbte erblassen.

*

INVENTUR
Dem Chef gibt's bei Geschäften Kraft,
wenn er Gewinn nach Kräften schafft,
doch fand er nie am Lesen Spaß,
wenn er von hohen Spesen las.

*

Die richtige Brille ist keine Gewähr für richtigen Durchblick.

*

OSTPOLITIK
Napoleon war gegen die Russen, und es ging schief, Hitler war gegen die Russen, und es ging wieder schief, die DDR war für die Russen, und auch das ging schief.

STAMMTISCHPOLITIKER
Sah er auch aus wie ein Penner,
bei Bruchrechnung war er ein Kenner.
Über Politiker
meint er als Kritiker:
Da fehlt der gemeinsame Nenner!

*

Der Stein der Weisen ist schwerer zu finden als der Stein des Anstoßes.

*

Nach 1989 gab es in der DDR keine politisch Schuldigen, selbst die Grenztruppen machten nur gute Minen zum bösen Spiel.

*

JUGENDSTRAFRECHT
Der Richter sprach mit milder Nachsicht:
»Beim Täter ist in guter Absicht –
nach fachlich kompetenter Ansicht –
in mancher Hinsicht Einsicht in Aussicht.«

*

Im Verhör Frage: »Fester Wohnsitz?«
Kurze Antwort: »So'n Witz!«

*

Das Leben als Penner hat auch seine Reize, z.B. starken Juckreiz.

*

Was haben Golfball und Dieb gemeinsam? – Beide werden eingelocht.

KRÜMMUNGEN
Auf krummen Beinen steht man,
auf krummen Wegen geht man,
und krumme Dinger dreht man.

*

Lieber endlich klug als unendlich dumm.

*

FRAGEN AM GRABSTEIN
Wo beginnt das Sein zu enden?
Wo gibt's Fragen einzusenden?
Ist der Tod uns eine Mahnung?
Trügt vielleicht da meine Ahnung
von Seelen, die ins Leere schweben
und frei von aller Schwere leben?
Nur dies ist uns als Wahrheit klar,
dass diesbetreffs nie Klarheit war.

*

Es gäbe viel weniger Fehler, wenn sie gar nicht erst gemacht würden!

SCHÜTTELREIME VON A–Z MIT STABREIMANKLÄNGEN

Anfänger: Fährst Auto du anfangs nicht so ganz astrein,
sei achtsam, halt an und leg eine Rast ein.

Bücherwurm: Als Bube mit der Fibel Bester,
war bald er ein ganz Bibelfester.

Catcherin: Clever war Clärchen von Haus aus,
im Clinch riss sie Härchen von Claus aus!

Desinteresse: Doris sprach: »Nein, Dickerchen,
du machst jetzt dein Nickerchen!«

Eheverständnis: Einer entscheidet, das sehe ich ein,
und eben der will in der Ehe ich sein.

Freudenschrei: Froh gelaunt rief Fritze: »Hei!
Freut euch Fans, 's gibt Hitzefrei!«

Grauzone: Gestern grad noch grässlich blau,
ist Gerhard heute blässlich grau!

Hansa-Fernreisen: Ob Hitze oder hundekalt,
hat hier die Wahl der Kunde halt.

Irrtum: Ein Immenschwarm einst irrte schwer,
in die Irre schwirrte er!

Jodelklub: Lässt Juliglut die Jauche brodeln,
kann jeder nach dem Brauche jodeln!

Künstleraura: Im Klo selbst ist ein Kunstpreisträger
noch kreativ als Dunstkreispräger.

Lachmöwen: Aus Lehrbüchern lernt man, was Löwen
machen, man liest leider nie, warum Möwen lachen.

Marotten: Mancher Mensch mag Mäuse leiden,
möchte möglichst aber Läuse meiden.

Nachbesserung: Nachts ihr Chef sich nobel zeigt,
und Nanni nun zu Zobel neigt.

Opas Geburtstag: Oma wünscht: Noch oft sei's,
dass Opa schmeckt das Softeis.

Pummelchen: Paula, proper, prall und dicklich,
pubertiert jetzt drall und picklig.

Quizfrage: Quirlig er zur Quelle stakt
und quasi auf der Stelle quakt?

Revierrechte: Nach Raupen geht der Specht auf Reise,
hat ringsherum ein Recht auf Speise.

Sicherheit: Schulze, vorn im Sitz der Wache,
schläft, das ist der Witz der Sache.

Tingeltangeltarife: Tanzen Girls tipptopp im Takt nun,
wird's teurer, wenn sie's total nackt tun.

Unterm Pantoffel: Der Uschi völlig untergeben,
unmöglich ist der Gunter eben.

Verführung: Volker, der versierte,
vornehm Sekt servierte.

Wimmerlaute: Wenn wildes Weh im Darm dich weckt,
ein Wickel wirksam warm dich deckt.

Zuspruch: Zum Zahnarzt geh, nicht planlos zaudern,
sollst zukünftig nicht zahnlos plaudern!

LIMERICKS LEICHT GESCHÜTTELT

STICHTAG
Die elenden Mücken bestücken mich
mit manch einem juckenden Mückenstich.
Ich will sie erschlagen
für all diese Plagen,
aber die Biester verdrücken sich!

*

IN MEMORIAM
Es war mal im Raum von Graubünden
'ne Brücke gesperrt aus Baugründen.
Von denen, die dachten,
es nicht zu beachten,
weiß dort eine Tafel zu künden.

*

SPONSOREN
Leute mit kleineren Guthaben
den Armen oft Geld in den Hut gaben.
Heut' spenden die Reichen,
um Steuern zu streichen,
und weil auf den Fiskus sie Wut haben.

ZIMMER FREI
Die Wirtin, verwitwete Sandmann,
gehörte dem neureichen Stand an.
Ein Jüngling mit Handstrauß
war scharf auf ihr Strandhaus
und hielt bei ihr um ihre Hand an.

*

STELLDICHEIN
Er wollte bei ihr diese Nacht sein,
und sie sagte nur noch ganz sacht: »Nein …«
Da war er der Meinung,
nach solcher Verneinung
könnt' baldigst die Sache vollbracht sein.

LIMERICKS UNGESCHÜTTELT

MYTHOLOGISCHE BEZIEHUNGEN
Zeus konnte Leda sich nah'n
durch einen listigen Plan. –
Da summte sie leise
die »Lohengrin«-Weise:
»Nun sei bedankt, lieber Schwan.«

*

DIE HOSENROLLE
Irene hat einen famosen Mann,
der zu ihr passt und gut kosen kann.
Dies aber Fakt ist:
Selbst wenn sie nackt ist,
hat sie doch immer die Hosen an!

*

DICHTER VON UND ZU
Bei Achim von Arnims Geschlecht
bestand so ein Titel zu Recht.
Doch bei Fon tane
war, wie ich ahne,
der Adel wohl nicht so ganz echt.

*

ABARTEN
Wenn wir die Oper nicht hätten,
hätten wir nur Operetten.
So hat man in Spanien
statt der Kastanien
nur diese Kastanietten.

ECHOREIME VERSCHIEDENER ART, STABREIM U.A.

Als Gast in einer Nachtbar
bezahle ich bei Nacht bar,
doch wär's mir lieber bargeldlos,
werd so mein ganzes Bargeld los.
Wer protzt mit großen Geldscheinen,
muss Gaunern reich an Geld scheinen
und eignet sich für Diebesgut
nach Ansicht manchen Diebes gut. –
Auch wenn die Villa »einbruchsicher«,
ist bald der nächste Einbruch sicher!

*

Man spricht nicht gleich von Blasenleiden,
wenn Wanderer an Blasen leiden.

*

REPORT IN ECHOREIMEN

Das wisst vom alten Shakespeare – ihr,
wie Hamlet litt in Dänemark – arg!
Verdienen heut Chauffeure – Öre,
reicht das, weil viel zu wenig – eh' nich,
und Frust fraß manchen Mann – an:
Der Ole hat gesoffen – offen,
und stürzte in den Bach – ach,
der Körper grün und blau – au!
Der Suff, das zeigt sein Fallen – allen,
macht alles nur noch schlimmer – immer,
und oft geht's schief im Leben – eben.
Hier ist der Reim im Widerhalle
alle, alle, alle, alle.

*

STÖRTEBEKER-STORY

Sturmerprobt stritt Störtebeker,
stattlich stolzer Steuermann,
Stellenwert stets steckbriefreif,
starkulthafter Status!
Standrechtliches Strafgericht –
staatsfeindliche Störenfriede
standartmäßig stracks zerstückelnd –
stürzte Störtis Stumpf steif stolpernd,
standhaft sterbend – starkes Stück!

*

Lasterhafte Luntenleger ließen letztlich lückenlos
lauter ländliche Lauben lichterloh leuchten!

*

SYNONYMISCHES
Sprinter – Laufbursche
Prioritäten – Klosterregeln
Gebildetes Nagetier – Leseratte
Leckerli bei Kannibalen – Hanswurst
Lustige Hülsenfrüchte – Kichererbsen
Defektes Infusionsgerät – armer Tropf
Osteuropäische U-Bahn-Fahrer – Metropolen
Schwein auf der Verladerampe – Rampensau
Weltbekannte Fliegenlarve – Made in Germany
Seifenoper – ein Drama, das sich gewaschen hat

ZITAT- UND SPRICHWORTKOMMENTARE

»Pünktlichkeit ist die Höflichkeit der Könige« –
demnach in Demokratien unangebracht.

»Was tun?«, sprach Zeus – Antwort: Was tun!

»Es ist noch kein Meister vom Himmel gefallen« –
Gesellen und Lehrlinge da schon eher mal.

»Morgenstund hat Gold im Mund« –
mehr was für Zahnärzte.

»Der Appetit kommt beim Essen« –
Warnung für Gastgeber.

»Zeit ist Geld« – wieso hat man dann
oft so viel Zeit und so wenig Geld?

»Die Gerechtigkeit nimmt ihren Lauf« –
oft aber in die falsche Richtung!

»Ganz ohne Weiber geht die Chose nicht« –
Homos sehen das anders.

»Allzu viel ist ungesund« – allzu wenig aber auch.

»Die Dummen werden nicht alle« – ganz im Gegenteil!

*

WORTVERSCHMELZUNG

SEELENHEILKURSCHATTEN
UNFALLOBSTTORTENHEBER
STUNDENGLASSCHERBENHAUFEN
UNHEILKRÄUTERHEXENTANZSTUNDEN

WÖRTLICHE UMDEUTUNG – EINDEUTIG ZWEIDEUTIG

INDER
Wohin ich auch die Schritte lenke,
ich lande immer INDER Schenke.

PROPELLER
Bei Pellkartoffeln pellt sich's schneller,
gibt's vorher einen Schnaps PROPELLER.

PERVERS
Die Minnesänger – ich erklär's –,
die machten Liebe nur PERVERS.

PAPAMOBIL
Wenn die Mama partout nicht will,
ist umso mehr PAPAMOBIL!

DAVOS
Die Reichen mogeln bei der Steuer,
und leben DAVOS extra teuer.

KREUZNACH
Beim Sport – mitunter hinderlich –
zieht's oft den Schmerz im KREUZNACH sich.

GENITALIEN
Zum Camping fuhr er mit Amalien
quer durch die Lande GENITALIEN.

TATJANA
Das Kosen lag dem Sascha fern,
doch eben dies TATJANA gern.

ROQUEFORT
Man stelle sich den Doktor
nur mal im kurzen ROQUEFORT!

KANDIS UND EMIR
Ich KANDIS süße Zeug nicht leiden,
und EMIR schlecht wird, tu ich's meiden.

BALTRUM UND AMRUM
Bei steigender Flut sind ringsum
die Zeiten der Ebbe BALTRUM,
und läuft's bei der Schifffahrt mal dumm,
liegt's möglicherweise AMRUM.

LAUDATIO IN SCHÜTTELREIMEN ZUM JUBILÄUM VON GUNTHER EMMERLICH

Zum Fest sich oft der Wille mehrt,
zu steigern den Promillewert.
Man sieht da manchem ollen Mann
am Schmerbauch seine Mollen an,
doch nicht bei dir, drum halt es aus,
reiß dich am Riemen, altes Haus!
Es ist kein Grund zum Haareraufen,
wenn Haare nur noch rare Haufen,
denn es erstrahlt in Tiefen schon
dein Bass noch ohne schiefen Ton.
Du singst und sprichst, das wechselt sehr,
und keiner fand: Da sächselt wer.
Dein Witz und Komödiantentum
haut nicht nur alte Tanten um,
nein, Jung und Alt, oft lachen Massen,
man muss es dich nur machen lassen.
Du kommst noch frisch und munter an
im ganzen Land mitunter, Mann! –
Wo Freude ist und nicht das Bier rar,
ist auch das Alter tolerierbar.
Doch auch ein Geist, der munter ist,
auch der verzapft mitunter Mist!
Lobreden jeder Kenner würzt,
wenn er bald aufhört, wenn er kürzt:
Voll Tatkraft sollst du weiter handeln,
auf Sachsens Fluren heiter wandeln -
soweit hier die Absenderbitte,
darauf ein Prost! nach Bender-Sitte.

14

HELAU!

Manchmal bin ich eingeladen von Leuten, die ich eigentlich nicht kenne. Und die haben Leute eingeladen, die ich überhaupt nicht kenne.

Mein Beruf bringt es mit sich, dass mich viele kennen. Einige machen deutlich, dass ich auch sie kennen müsste, aber ich kenne sie nicht. Wenn ich dann im Gespräch den Moment verpasst habe, sie zu fragen, woher wir uns kennen, muss ich den ganzen Abend so tun, als würden wir uns kennen, obwohl ich sie nicht kenne. Bei der Verabschiedung sagt der vermeintliche Bekannte: »Ich glaube, ich hab Sie mit Ivan Rebrow verwechselt ...!« Da zermartert man sich den ganzen Abend den Kopf, und dann so was. Einige freuen sich, mich kennenzulernen, andere wissen nicht, wer ich bin, und wieder andere wissen, wer ich bin, freuen sich aber überhaupt nicht, mich kennenzulernen. Im Laufe des Abends spielen dann solche Subjektivitäten keine Rolle mehr, und man redet mit allen möglichen Leuten über alle möglichen Themen, über die man mit allen möglichen Leuten so redet. Mit den Gleichgesinnten ist man sich schnell einig. Mit den anderen kann und muss man länger reden.

Jedenfalls bin ich meinem Beruf und dem Zufall dankbar, die es mir ermöglichen, Menschen kennenzulernen, die ich sonst nie kennengelernt hätte, obwohl sie mich kennen.

Niedersachsen sind Sachsen, die auf dem Weg nach England einen Schwächeanfall bekamen und sich in *Niedersachsen* niederließen. In England angekommen, wurden diese *Niedersachsen* zu Angelsachsen.

Wiedersachsen sind in Sachsen geborene, aber schon in jungen Jahren in den Westen gegangene, mittlerweile ältere

Herrschaften, die nun wieder in Sachsen lebende Sachsen sind. Solche *Wiedersachsen* haben mich in der fünften Jahreszeit zum Kölner Karneval in Sachsens Landeshauptstadt Dresden eingeladen. Ich war unter den närrischen Gästen der einzige richtige Sachse, wobei selbst das nicht stimmt, denn ich bin gebürtiger Thüringer. Vorsichtshalber hatte ich mir einen Westernhut aufgesetzt und ein groß kariertes Hemd angezogen, und so betrat ich cool und breitbeinig die hochherrschaftliche Wohnung im Dresdner Stadtteil Weißer Hirsch. Man feierte in zwei Räumen, die durch die geöffnete Schiebetür und Papierschlangen zwischen den jeweiligen Kronleuchtern verbunden waren. Das närrische Volk saß reichlich kostümiert und üppig geschminkt beieinander. Das Mobiliar der Gastgeber war bedeutend älter als die Gäste, das heißt, die Möbel waren sehr alt.

Es herrschte eine ernsthafte Stille, über die auch einige knallrote Pappnasen nicht hinwegtäuschen konnten. Ich betrat also den Raum und sagte übermütig: »Hier ist ja die Hölle los!« Sie guckten mich nahezu beleidigt und vorwurfsvoll an, sodass ich mich fast entschuldigend mit einem braven »Guten Abend« auf den mir zugewiesenem Platz im zweiten Raum setzte. Ein richtiges Gespräch ergab sich kaum. Von Faschingstrubel ganz zu schweigen. Es gab nur kurze Fragen und noch kürzere Antworten. Dazwischen unerträgliche Pausen, in denen nichts gesagt wurde. Das frisch gezapfte Kölsch hat der Stimmung auch nicht zum Durchbruch verholfen. Wie auch.

Bald stand der Hausherr in der geöffneten Schiebetür mit Melone und Pappnase und las aus einer alten Plastemappe ehemals gut gemeinte karnevalistische Geschichten vor. Sein bemühter kölscher Dialekt hatte einen erklärbaren Geburtsfehler. Also einen sächsischen Grundton. Selbst wenn ein Sachse chinesisch spräche, würde ein blinder Chinese hören, dass da ein Sachse chinesisch spricht. Die Pointen der Büttenrede des Hausherrn waren ebenso labrig wie das Kölsch, aber älter als das antike Mobiliar. Mit Gleichgesinnten hätte ich schreien können. Dort herrschte vornehmlich vornehme Ruhe, auch – und besonders – nach den Pointen. Hin und wieder lachte eine als Beduinin verkleidete ältere Dame, allerdings so laut – und lange vor den Pointen –, dass die Blicke der anderen Narren sie wieder verstummen ließen.

Ein alter Sketch mit zwei mittelalterlichen Damen brachte auch nicht den erhofften Aufschwung. Der Hausherr ließ nicht locker und verteilte original rheinische Plastemappen mit rheinischen Fastnachtsliedern im rheinischen Dialekt. Aus der Hausanlage, die der Gastgeber vermutlich zu seiner Konfirmation geschenkt bekam, klangen die uns vorliegenden Lieder, in die wir nun einstimmen sollten. »Mr losse d'r Dom en Kölle!« war der einzige Satz, den ich verstanden habe und den ich auch laut mitsang, ansonsten beließ ich es bei »lalala« (Ich glaube, ich habe »lölölö« gesungen, wegen des kölschen Dialekts). Die anschließende Polonaise durch die zwei Zimmer und den angrenzenden Korridor war der Höhepunkt des Kölner Karnevals auf dem Weißen Hirsch.

Die Aufforderung, den Dom in Köln zu lassen, ist vernünftig und auch kulturhistorisch zu befürworten. Vielleicht sollte man mit dem Karneval ähnlich verfahren. Die vier Jahreszeiten halten auch nicht immer, was sie versprechen. Warum sollte es bei der fünften anders sein.

Helau!

PS: Mit einem erzgebirgischen Hutzenohmd in der niederrheinischen Tiefebene würde man wahrscheinlich ein ähnliches Desaster erleben.

15

EIN LICHT IM DUNKEL

Davon können wir alle ein Lied singen – auch ein Weihnachtslied –, gestern war anders als morgen, von heute ganz zu schweigen. Weihnachten war auch schön in der schlechten Zeit. Vor der schlechten Zeit war auch keine schöne Zeit. Da war nämlich Krieg. Das alte kaputte Spielzeug verschwand im November und zierte frisch geleimt, geschraubt und bemalt den Tisch mit den Geschenken unter dem Weihnachtsbaum am Heiligen Abend. Die alte Peitsche hatte einen neuen Strick bekommen mit vielen Knoten drin. Der Kreisel sah aus wie neu, war aber der alte – frisch gestrichen. Eine Rolle Drops und zwei Lutscher komplettierten die Glückseligkeit. Der Weihnachtsbaum mit Äpfeln und richtigen Kerzen erleuchtete auch unsere Augen. Mutter spielte auf dem verstimmten Klavier *Oh du fröhliche, oh du selige, gnadenbringende Weihnachtszeit.*

White Christmas spielte man damals noch nicht. Bei diesem Lied von Irving Berlin sind die Strophen eigentlich vielsagender als der bekannte Refrain. Die werden aber immer weggelassen. Der Refrain hat in Deutschland generell bessere Chancen.

Es roch nach selbst gebackenem Stollen mit wenig Zutaten, und auf dem Küchenherd brutzelten Äpfel, die für den Weihnachtsbaum nicht mehr schön genug aussahen. Es war warm in der Stube und auch von Herzen. Außer dem Vater, der im Krieg geblieben war, fehlte es an nichts. Jedenfalls empfand ich das so.

Mit solchem Weihnachten locken Sie heute nicht mal einen Hund hinterm Ofen hervor. Selbst die Haustiere sind anspruchsvoller geworden. Sie bekommen zum Fest ein neues

Körbchen, ein neues Kissen, ein edles Schleifchen und einen Fressnapf aus Edelstahl und zu fressen auch nur Auserwähltes. Der Ursprung von Weihnachten ist anspruchslos, karg und dennoch glänzend.

Ein Licht im Dunkel.

Da waren wir in der schlechten Zeit nahe dran. Die Erinnerung an Weihnachten in meiner Kindheit ist warm und glänzend. Dieses Fest mit eigenen Kindern und später Enkeln zu feiern, bringt einen besonderen Glanz in eines jeden Jahres Ende. Kinder krönen diese besonderen Tage. Aber so, wie es in meiner Erinnerung als Kind war, wird es wohl nie wieder sein, selbst wenn es uns noch besser ginge, als es uns ohnehin schon geht. Vielleicht auch deshalb, weil ein Kind nichts weiß und nichts ahnt – von Kriegskindern auch heute, denen die damalige schlechte Zeit sehr gefiele, da es ihnen viel schlechter geht. Das ist das eigentliche Problem – nicht – dass es unseren Enkeln jetzt besser geht und dass sie immer anspruchsvoller werden, als wir es damals je waren. Es sei ihnen gegönnt, aber es sei allen Kindern auf der Welt gegönnt, denn Nächstenliebe ist nicht nur ein Gefühl und auch nicht konfessionell völlig gebunden.

Weihnachten ist nicht nur 2 ½ freie Tage.

16

DIG, DAG UND DIGEDAG

Sprach- und Schriftgelehrte kommen nicht umhin, festzustellen, dass am Anfang das Bild war. Höhlenmenschen verzichteten völlig auf Textpassagen, und wir stehen fasziniert und ebenso wortlos davor. Parteien machen sich auf Wahlplakaten dieses Urverhalten sehr konsequent zu eigen und behandeln ganze Völkerscharen so, als hätten sie nie lesen und schreiben gelernt. Auch Zeitungen setzen oft mehr auf die Macht der Bilder. Kurz und gut: Am Anfang war das Bild, und ein Ende ist nicht abzusehen. Mittelalterliche Moritatensänger sangen ihren Text und zeigten dabei mit dem Zeigestock auf wortlose Bilder. Heitere und Gruselgeschichten, aber auch zeitkritische Satire fanden so auf den mittelalterlichen Märkten ein großes Publikum. Nur Hinrichtungen waren besser besucht.

Comics, in der DDR hießen sie Bildgeschichten, haben mich als Kind, haben alle Kinder fasziniert. Die nicht-sozialistischen Comics Mickey Maus, Tarzan oder Donald Duck haben bei uns keine konterrevolutionären Gedanken aufkommen lassen. Wir haben sie verschlungen, verborgt, verhökert, verschlissen und verbummelt. Der wenige Text hat uns nicht überfordert, und die Begriffe »Keuch«, »Ächz«, »Quietsch«, »Rumms-Bumms« und »Krrrrr« hielten Einzug in unsere Umgangssprache. Den späteren Absprung zu Daniel Defoe über Karl May bis hin zu Thomas Mann haben sie nicht verhindert. In der Schule bezeichnete man sie als Schund und nahm sie uns weg. Wir wussten nicht warum. Noch im Internat gaben wir uns Spitznamen aus der Comicwelt. Ich war Kater Karlo, der kleine dicke Müller war Schweinchen Schlau, Goofy war der mit den langen Armen, und Daniel Düsentrieb nannten wir den, der sein Moped SR 1 selbst reparieren konnte.

Parallel zu den sogenannten Westheftchen gesellte sich das *Mosaik* mit Dig, Dag und Digedag in unsere Bilderwelt. Als sozialistisches Gegengewicht haben wir sie nicht gesehen, sie waren uns aber von Anfang an sympathisch, denn sie waren lustig, findig, drollig und erfinderisch. Also unsozialistisch. Diese Heftchen waren weder vom Sozialismus gezeichnet noch von Sitte gemalt, sondern von Hannes Hegen. Die Mauer haben sie mühelos überwunden, auch die Zeit hatten sie im Griff. Sie stöberten im 13. Jahrhundert rum, bei den alten Römern und Griechen. Selbst für die USA bekamen sie eine Ein- und Ausreisegenehmigung. Das war sonst nur Dean Reed vorbehalten.

Hannes Hegen hat fantasievoll und grenzenlos gezeichnet und weit über Zeit und Raum die Kinder unmerklich gebildet, Sehnsüchte und Fernweh geschürt, Wissen kinderleicht vermittelt. Wenn die DDR so erfinderisch, frei, fröhlich und grenzenlos gewesen wäre, hätte es die Mauer nicht geben müssen. Wir hätten allerdings auch ihren Fall nicht feiern können.

Mein Sohn Johannes, der einst ein Praktikum in Singapur machte, sprach als kleines Kind oft von seinen Gedankenfreunden. Mit diesen hat er vieles erlebt in seiner Fantasie. Er war mit ihnen schon 1988 in Südostasien. Ich glaube, dass Dig, Dag und Digedag die Gedankenfreunde von Hannes Hegen waren, mit denen er irdische und überirdische Grenzen überschritt und in eine Wunderwelt flog, die es so nirgends – und in der DDR schon gar nicht – gab. Wie er dabei die Zensur austrickste, war bewundernswert, aber es sang ja auch Frank Schöbel: »Ich geh vom Nordpol zum Südpol zu Fuß« … Überlegen Sie mal, wo der da überall durchgekommen ist …

1958 ging ich in die achte Klasse. Wenn da die Klassenschönste die Blicke nicht erwiderte, guckte man zu Hause ins Mosaik, denn die hübschen Römerinnen von Hannes Hegen hatten sowieso die schlankere Taille, die schöneren Augen und den spitzeren Busen.

Alle anderen römischen Sehenswürdigkeiten, die wir nicht zu sehen bekamen, zeigte er uns im Vorübergehen: das Kolosseum, die Spanische Treppe und den Petersdom. Als ich das erste Mal wirklich in Rom war, dachte ich an Dig, Dag und Digedag und setzte mir mein Mosaik zusammen. Nicht alle Römerinnen waren allerdings so hübsch wie bei Hannes Hegen.

Es ist erst wenige Jahre her, die letzten Digedag-Heftchen sind auf Wanderschaft gegangen, nachdem sich auch unsere Kinder mit ihnen angefreundet hatten. Wir waren, wie jedes Jahr, im Sommerurlaub in Ahrenshoop. Das Wetter lud schon mehrere Tage nicht zum Baden ein, und wir vertrieben uns die Zeit mit Lesen, Tischtennis, Kniffel und mehr oder weniger interessanten Urlaubsgesprächen – so zwischen Wetter und Hermann Hesse.

Es war kurz nach dem Frühstück, und der Wirt rief übers Grundstück: »Der Himmel reißt auf, die Sonne kommt raus!« Das sagte er so, als könne er ab sofort für die Übernachtung 20 Euro mehr verlangen.

Die ganze sonnenhungrige Korona brach blitzartig auf und zog mit den notwendigen Utensilien zum Strand. Beim Suchen nach Windschutz und Boccia-Kugeln fiel mein Blick auf ein Regal mit allerlei Lesbarem.

In zwei ungeordneten Stapeln entdeckte ich eine Reihe Mosaikheftchen. Ich setzte mich auf den Fußboden, begann zu lesen und sagte zu den anderen: »Geht schon mal vor, ich komme gleich nach.« Es war elf Uhr. Das weiß ich so genau, weil auf dem Darß der Himmel immer um elf aufreißt – oder eben nicht (manchmal auch erst um eins). Ich blieb stundenlang sitzen und war mit Ritter Runkel im Mittelalter und mit den drei Hannes-Hegen-Knaben im Orient, in der Karibik und wieder mal in Rom.

Die Ritterreime vom Ritter Runkel lagen so zwischen Karl Valentin und Heinz Erhardt:

Ein Ritter, der ein Stück geflogen
wird meistenteils total verbogen.

Ein Ritter, welcher abwärts rodelt,
ist selten stille, sondern jodelt.

Wer einen Ritter blau bespritzt,
bald selber in der Tinte sitzt.

Meine abenteuerliche Lektüre endete erst, als die anderen vom Strand zurückkamen. Während ich schmökerte, hatten sie sich einen Sonnenbrand geholt und einen Autoschlüssel im Sand verloren.

Ich selbst habe alle drei, Dig, Dag und Digedag, geradezu metamorphorisch durchlebt, auch äußerlich: Ich war mal Dag, später Digedag, und jetzt bin ich Dig. Eine dicke Freundschaft zu den dreien ist geblieben.

Gottes Segen für Hannes Hegen.

17

HOCHWOHLGEBOREN UND EINFACH SO AUF DIE WELT GEKOMMENE

Lore Strack, die Witwe des großartigen Schauspielers, Menschen und guten Freundes Günter Strack, war eine ungeheuer lebenslustige, unternehmungslustige, liebenswürdige und permanent präsente Person. Sie war eine starke Frau, die sich an der Seite eines starken Mannes zu behaupten wusste und dadurch gar ein Teil seiner Stärke war.

In Neustadt an der Aisch führte sie ein großzügig gastfreundliches Haus, in dem sich nicht nur viele Hunde und Katzen wohlfühlten, sondern auch viele Menschen unterschiedlichster Prägung. Einfache Geradlinige und kompliziert Verschnörkelte. Sie fügte alles fröhlich evangelisch zusammen, und Günter gab dem Ganzen seinen geradezu buddhistischen Segen. Die vielen Leute, die sich in ihrem Haus kennenlernen durften, waren so unterschiedlich wie auch kennenlernenswert.

Der Gärtner, die Reinemachfrau und der Nachbar saßen vereint mit Film- und Fernsehstars, Hochwohlgeboren und einfach nur auf die Welt Gekommene. Wolfgang Wagner, Dieter Wedel, Karl Graf Castell zu Rüdenhausen und Georg von Preußen, der Enkel Wilhelm II. gehörten ebenso zu den illustren Gästen wie meine Wenigkeit.

Der fröhliche Weinberg von Carl Zuckmayer war dem Schauspieler vertraut, und er zitierte ihn an passenden Stellen mit Wonne: »… ein Maul voll Wein …« Er nannte auch einen Weinberg sein Eigen und den Iphofener Silvaner tranken wir gern und reichlich. Wenn sie nach Dresden kamen, waren immer einige Kartons im Gepäck. Nur weil ich Weinbotschafter des Weinanbaugebietes Saale/Unstrut bin, muss ich nicht verschweigen, dass er auch diese Tropfen sehr mochte. Im Gegenteil, gerade diese Botschaft wird vom Botschafter erwartet. Bei einem gemeinsamen Aufenthalt in Naumburg an der Saale und Freiburg an der Unstrut nahm er sich einige Kisten mit nach Franken. Vornehmlich Silvaner und Weißburgunder.

Da hatten wir einen ähnlichen Geschmack.

Seinen liebsten Trinkspruch mag auch ich sehr.

Die Gams erwacht im fremden Forst
Und lag in einem Adlerhorst
Sie schaut sich um und spricht betroffen
»mein lieber Schwan, war ich besoffen«.

Auf die Frage, worauf er am ehesten verzichten könne, sagte er: »Der Wein wäre so ziemlich das Letzte.« Recht hat er.

Übrigens, nachdem man *Spätlese* gelesen hat, ist es auch ein Genuss, sie zu trinken.

18

DAS LEBEN VON HINTEN

Es wäre schon schön, wenn man mit dem Wissen eines alten Mannes einmal Kind sein dürfte. Diese herrliche Verantwortungslosigkeit mit der Erfahrung des Alters vereint ... was das wohl würde?

Die wahrnehmenden Sinnesorgane der Mitmenschen gerieten jedenfalls aus dem Häuschen, und es passte nichts mehr zusammen. Ungewöhnlich, bisweilen drollig, grotesk, wundersam bis albern wäre dieser Klugscheißer allemal. Er vereinte dies alles in der Worte genauester Beschreibung. Dieses verhaltensgestörte Wunderkind müsste nie zum Arzt, denn die Ärzte kämen zu ihm. Ganze Medizinerkongresse würden sich nur mit ihm beschäftigen. Fernsehsender könnten ihre Suche nach neuen Konzepten einstellen, selbst in Talkshows gäbe es nur noch dieses Thema. Deutschland suchte keinen Superstar mehr, kein finanziell klammer Promi verirrte sich im Dschungel, und selbst der Bauer würde die Suche nach der Frau einstellen. Feuilleton und Boulevard wären sich einig wie nie. Dieses Thema würde 'nen Börsencrash wie ein verlorenes Portemonnaie erscheinen lassen.

Die oft infantil anmutenden Gesprächsversuche Erwachsener mit Kindern, wie z.B. »Na du kleiner Hosenscheißer!«, würde er mit hochgezogenen Augenbraun zur Kenntnis nehmen. Auf die Frage: Wann kommst du denn in die Schule?« würde er sagen: »Ich weiß schon alles!« – »Du bist ja ein kleines Klugscheißerchen!« Wenn unser Neunmalkluger den Verstand eines alternden Opernsängers hätte, wäre der Gewinn für die Menschheit überschaubar mit Tendenz gegen null.

Die Geburts- und Sterbejahre großer Komponisten, dic auswendig gesungene *Winterreise*, Löwe-Balladen und *Die schöne Müllerin* aus einem Kindermund wären entzückend. Eine satte Sarastro-Arie aus einem Milchbubigesicht würde sicher einige Regisseure auf ungeahnte Ideen bringen, aber ansonsten bliebe alles beim Alten.

Die Mutation eines reifen, klugen und weisen Dichters, Philosophen, vielleicht gar Politikers, den seine Partei als Querulanten empfand, in den Kindskopf und -körper könnte der Menschheit auf die Sprünge helfen. Seine weltpolitischen Überlegungen würden ohne Rücksicht auf Parteitagsbeschlüsse, Programme, Richtlinien und Empfehlungen die Welt verblüffen. Es käme zum Innehalten, Denken, Umdenken und längst überfälligen Handeln. Der menschliche Geist reagiert gewöhnlich erst auf Zeichen des Körpers, wenn selbst der ignoranteste Ignorant sie nicht mehr ignorieren kann, wenn Schmerzen und Todesängste die eigene Hilflosigkeit Hilfe suchen lässt.

Dies geschieht manchmal gerade noch rechtzeitig, mal ist es die letzte Rille, und oft ist es zu spät. Unsere geschundene Welt gibt der ignoranten Menschheit schon lange solche eindeutigen Zeichen. Aber wir verdrängen, vergessen, verniedlichen, vertuschen die beängstigenden Symptome und verschieben nötige Entscheidungen. Vielleicht würden wir mehr hinhören und nötiges Handeln folgen lassen, wenn kindliche Unschuld mit Weisheit gepaart unser Schutzempfinden direkt anspräche. Im Grunde ist das alles nur ein hilfloser Versuch, die Katastrophen dieser Welt zu beenden.

Lieber Gott, im Namen meiner Kinder Karoline, Johannes und Sven, meiner Enkel Antonia-Luise, Sarah, Eleonora, Ophelia, Lydia, Romy und Michi, und ihrer Freunde und ihrer Noch-nicht-Freunde: Tue etwas gegen unbarmherzige Ideologien, Religionen, Dreckschleudern und gegen die Dummheit. Oder gib uns eine Erleuchtung, diesen Teufelskreis zu beenden. Eigentlich ist dir doch alles ganz gut gelungen, aber es besteht Reparaturbedarf. Falls du noch mal irgendwann so einen Sechstagekraftakt hinlegen solltest, mach alles wie gehabt, nur gib den Menschen etwas mehr Vernunft und sei mit der Dummheit nicht so großzügig. Nimm dir einfach ein paar Tage mehr Zeit. Sechs Tage sind ja nicht mal 'ne Woche.

Mir ist, als würde der liebe Gott zu mir sagen: »Machen Sie's kurz, Bester! Du wünschst dir ein paar weise Männer und Frauen, die sich bei großer Klugheit ihre Naivität erhalten haben? Die sind da, ihr müsst nur auf sie hören!«

19

DAS KÖNIGLICHE KARTENSPIEL

In einem Lied heißt es: Was wär' das Leben ohne Skat, es wäre leer und öd und fad … Ein alter Scherz aus Skatspielerkreisen: Welche drei Dinge würde er auf eine einsame Insel mitnehmen? Zwei Skatspieler und eine wetterfeste Skatkarte! Das alles ist ebenso abwegig, als würde man behaupten, die Heil'gen Drei Könige waren ursprünglich in Bethlehem zum Skat verabredet. Aber eins steht fest: Wenn Fußball die schönste Nebensache der Welt ist, dann ist Skat die allerschönste Nebensache der Welt. Als passionierter Skatspieler fragt man sich: Was hat die Menschheit vor 1820 in ihrer Freizeit getrieben? Es blieb den ohnehin erfindungsreichen Mitteldeutschen vorbehalten, im Jahre 1820 im thüringischen Altenburg die Menschheit mit dieser segensreichen Erfindung zu beglücken.

J. S. Bach kam aus Eisenach in Westthüringen, die deutsche Klassik aus Weimar, der Mitte Thüringens, und das Skatspiel aus Altenburg in Ostthüringen. All das geschah zwischen 1685 und 1820. Mehr konnte Thüringen in dieser geschichtlich kurzen Zeit für die Welt nicht tun. Nicht-Skatspielern mag das alles sehr blasphemisch erscheinen. Skatspieler wissen, was ich meine.

Von Großvater Ernst Emmerlich habe ich die diesbezüglichen Gene geerbt. Er und seine Sippe stammen ursprünglich aus Altenburg und Umgebung. Großvater Richard stammte aus Berlin und war einst kaiserlicher Offizier. Offiziersskat mit ihm war der Anfang meiner Skatspielerkarriere. Seither bin ich infiziert und spiele gern und häufig Skat in unterschiedlichen Besetzungen, sodass man in Skatspielerkreisen oft nicht weiß, dass ich hauptberuflich Sänger bin, und in Theaterkreisen weiß man noch weniger, dass ich eigentlich Skatspieler bin. In beiden Berufen ist eine entsprechende Veranlagung unerlässlich. Nicht umsonst heißt es: Das Skatspielen und das Singen, das lässt sich nicht erzwingen.

Im Kinderferienlager habe ich meine Skatkenntnisse erweitert, um dann später als Jugendlicher beim Skat mit Erwachsenen festzustellen, dass ich außer den Regeln noch gar nichts kann. Beim Singen ist es übrigens umgekehrt: Erst kann man singen, und später lernt man die Regeln. Beides wirklich beherrschen zu wollen ist ein endloser Prozess, an dessen Ende bestenfalls Teilerfolge stehen. Mit schlechten Karten ist allerdings auch beim Kartenspiel kein Preis zu gewinnen. Da ist es eher noch möglich, mit unangenehmer Stimme beim Songcontest den ersten Platz zu belegen. Wer mit guten Karten gewinnt, handelt sich den Vorwurf ein, dass dieses Spiel auch die Großmutter hätte gewinnen können. Und man meint natürlich damit die Großmutter, die gar nicht Skat spielen kann. Das ist aber nur der Neid der Glücklosen.

Mein langjähriger Freund, Pianist und Skatbruder Klaus Bender beginnt jeden Skatabend mit den Worten: »Spiel'n wir ehrlich oder wie immer?« – »Wie immer!«, sagen wir dann, und jeder denkt sich seinen Teil. Ein völlig humorloser vierter Mann – ich weiß auch nicht, wer den eingeladen hatte – stand bei dieser Bemerkung auf und ging. Wir haben ihn ziehen lassen und hatten zu dritt einen lustigen Abend, der mit diesem vierten Mann undenkbar gewesen wäre.

Großvater Richard sagte: »Bei diesem Spiel hat man nur Spaß, wenn man es ernst nimmt!« Großvater Ernst sagte das auch. Das klingt sehr anachronistisch, ist aber die reine Wahrheit. Diese Ernsthaftigkeit steht dem Humor nicht im Wege. Ernsthaftigkeit ohne Humor wäre unerträglich. Verbale Beleidigungen sind bei diesem Spiel nicht ausgeschlossen, sollten aber zeitlich keinen großen Raum einnehmen. Handgreiflichkeiten sind zu vermeiden. Das Spiel eignet sich nicht, um eine Freundschaft zu beenden, wohl aber um Freundschaften zu beginnen und zu festigen. Eine eherne Skatregel lautet: Dem Freunde kurz, dem Feinde lang. Wer dies über kurz oder lang nicht begreift, sollte bei Mau-Mau bleiben. Eins gilt für Skat ebenso wie für alle anderen Spiele, selbst für Olympische Spiele: Gewinnen macht mehr Spaß als Verlieren. Aber wenn schon verlieren, dann bitte nicht den Humor. Dass beim Skat nicht immer die Besten gewinnen, ist ein schwacher Trost für die Verlierer. Aber es ist so. Wer zu häufig gewinnt, läuft Gefahr, nicht mehr eingeladen zu werden. Also Vorsicht!

Eine typische Skatrunde des 19. Jahrhunderts waren der Bürgermeister, der Apotheker, der Hausarzt und der Förster. In vielen Gasthäusern hingen nicht nur Grand ouverts an der Wand, sondern auch diese Skatrunde in Öl. Eine bürgerliche Idylle mit durchaus staatstragendem Charakter. Das Bild strahlt adrette Harmonie, Pflichterfüllung und Friedfertigkeit aus. Aber schon die Hunde unterm Tisch sprechen eine andere Sprache.

Für Skatspieler gibt es keine sozialen oder intellektuellen Barrieren. Das Spiel müssen sie beherrschen. Eine gute Karte ist wünschenswert, aber auch eine gute Miene zum bösen Spiel. Natürlich macht man den Siegern die Freude, dass man sich über die Niederlage ärgert. Schon aus Eigennutz, denn es erhöht die Freude über den nächsten Sieg. Mein Freund Wolfgang Stumph behauptet, dass ich immer so lange spielen würde, bis ich gewinne. Da kann ich nur sagen: Er hätte ja früher aufhören können. Auch behauptet er, dass ich schlecht verlieren könne. Da ich aber immer so lange spiele, bis ich gewinne – wie er sagt –, weiß ich gar nicht, wie das geht. Nichts ist weniger ernst gemeint als solche Frotzeleien. Denn die Abende – auch die Skatabende – mit ihm sind lustiger als alle Sketche, die wir je miteinander gespielt haben. Den dritten Mann brauchen wir eigentlich nur, weil's die Regel erfordert. Außerdem sind aller guten Dinge drei und beim Skatspielen eigentlich sogar vier, wie aus einer Karikatur deutlich wird:

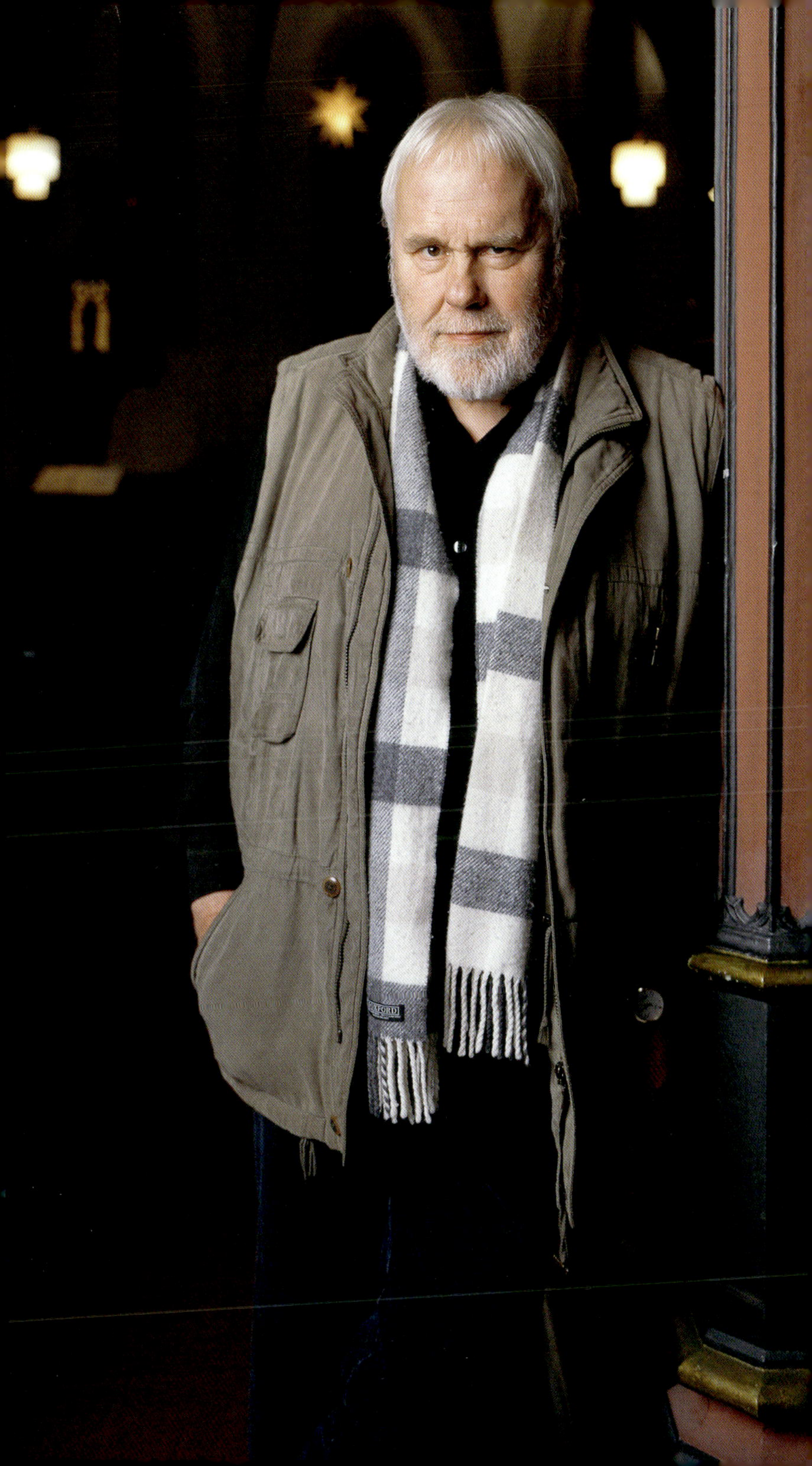

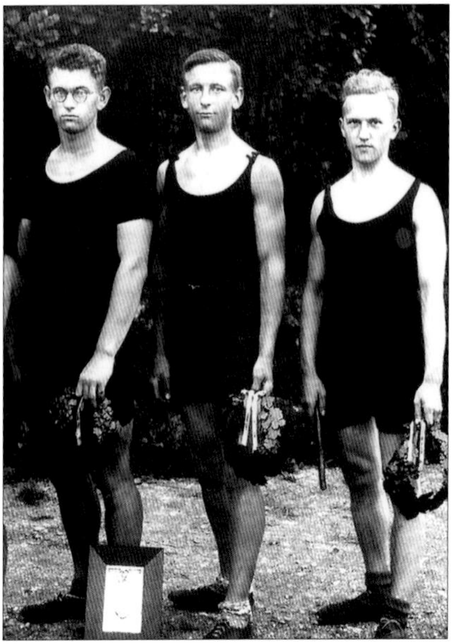

Der junge Mann rechts ist mein Vater Walter, den ich nie sah (1924)

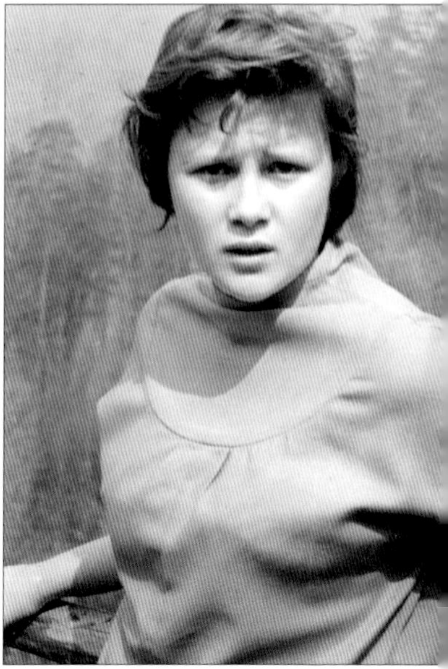

Sabine, meine erste große Liebe, die am Paradiesbahnhof begann

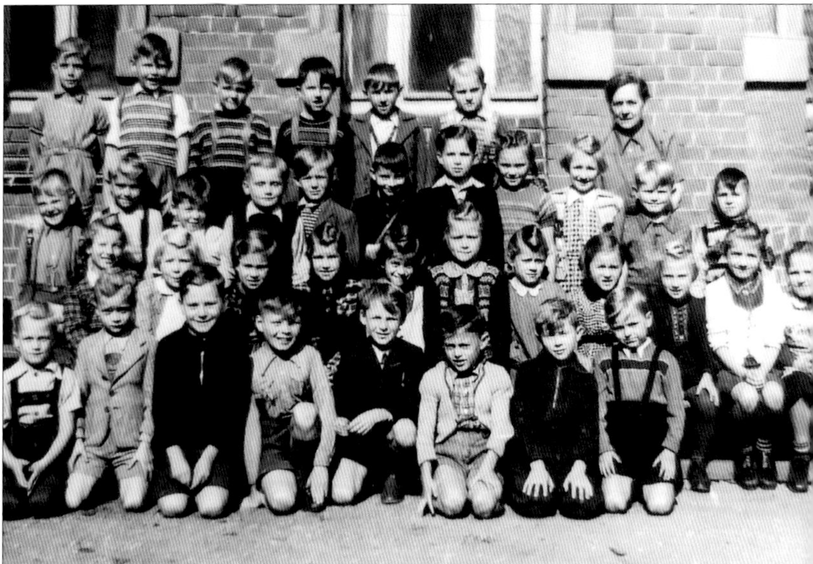

1953 in der 3. Klasse (obere Reihe, zweiter von links)

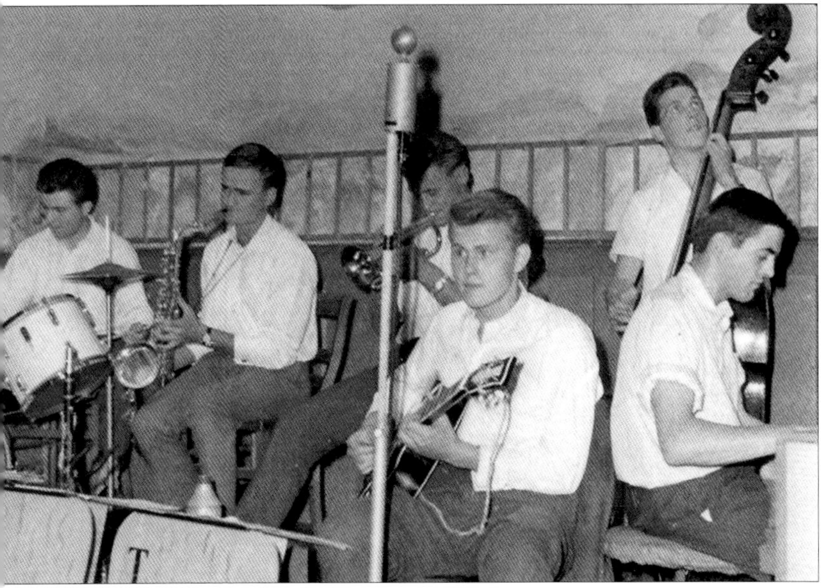

s 15-Jähriger mit der Jenaer Studentenband »Die Teddys«

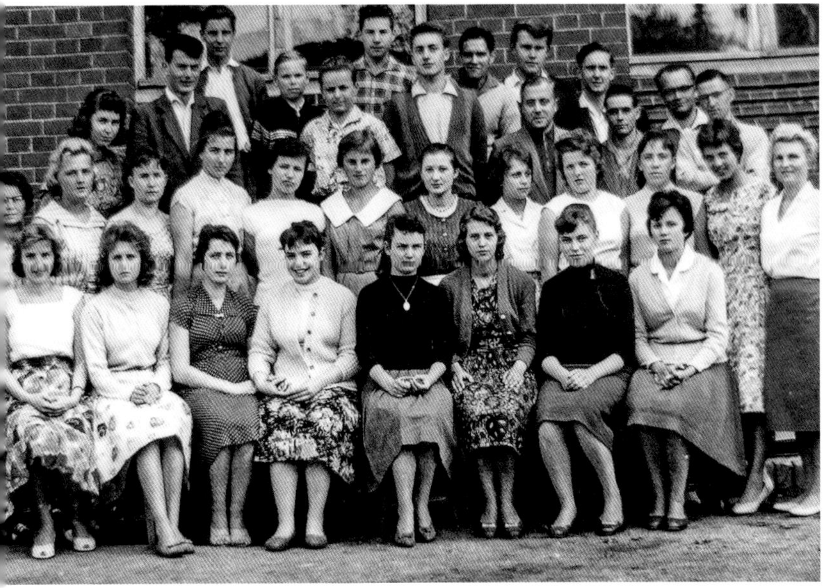

'59 in der 9. Klasse (obere Reihe, vierter von rechts)

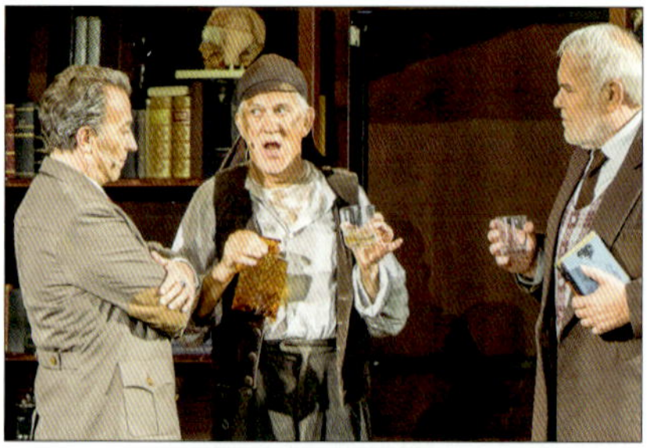

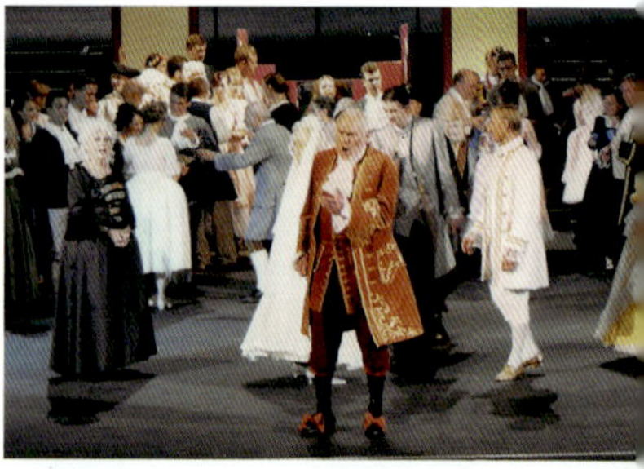

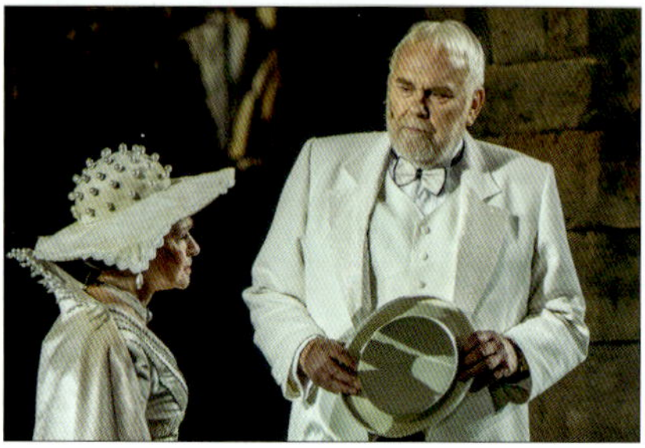

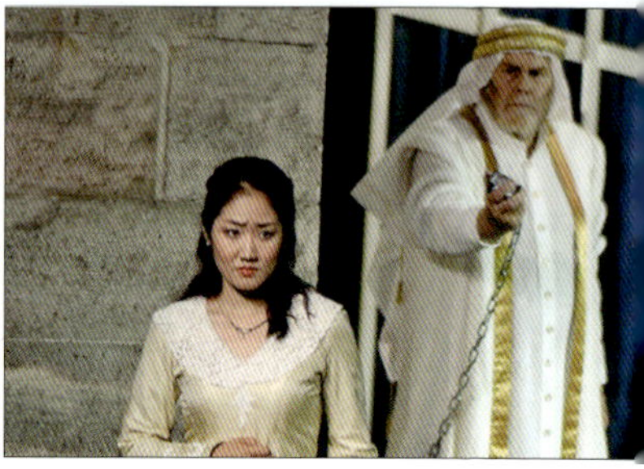

Bei den Theaterfestspielen in Bad Hersfeld. Oben: Mit Cusch Jung und Ilja Richter. Unten: Mit Gertraud Jesserer

Oben: Als Ollendorf bei den Opernfestspielen in B Hersfeld, 2015. Unten: Mit der Sopranistin Sujin Lee b den Opernfestspielen Bad Hersfeld in Mozarts *Die E führung aus dem Serail*

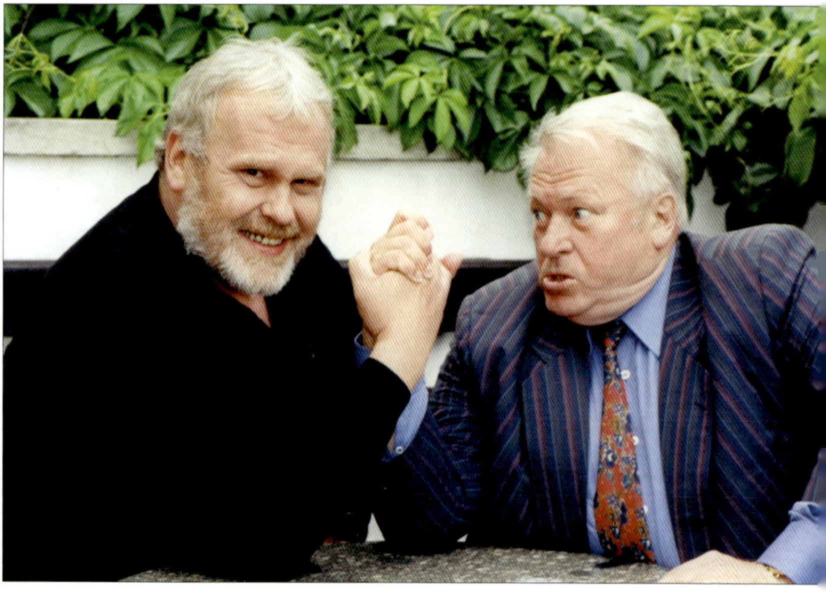

Zumindest eine Gewichtsklasse: Günter Strack und ich

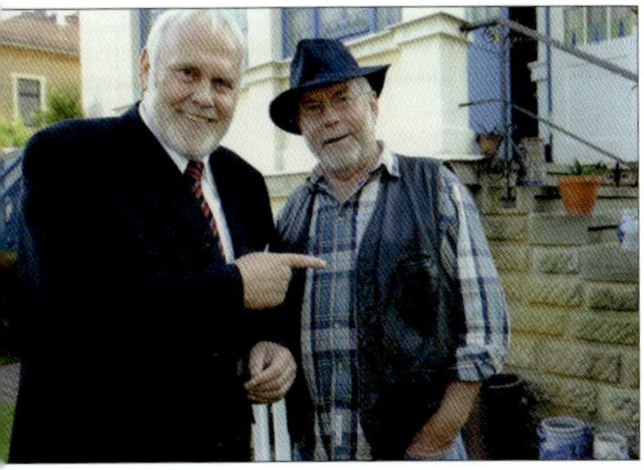

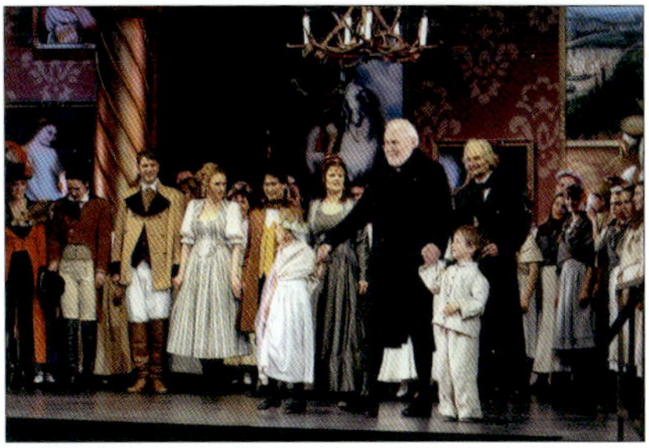

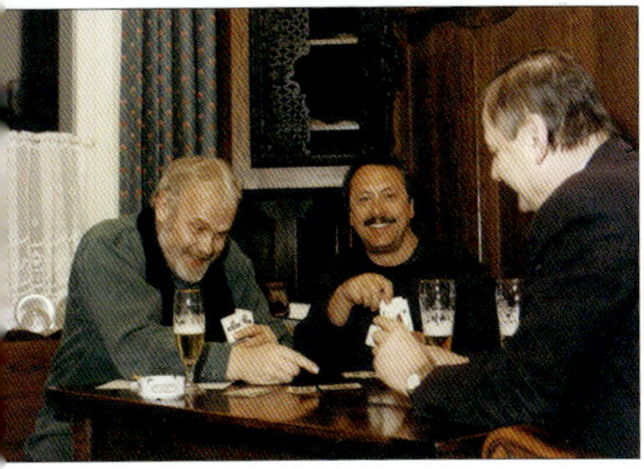

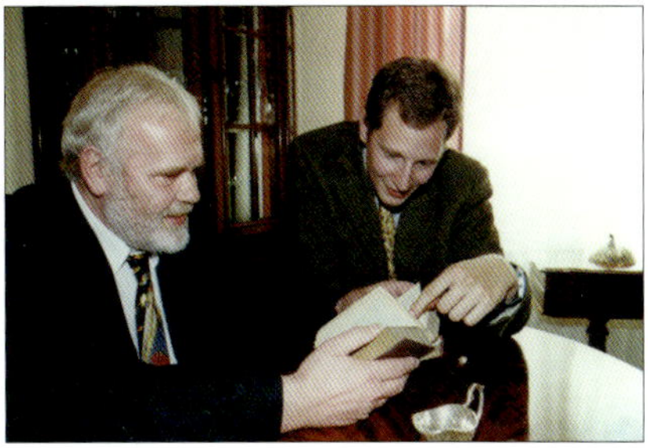

ɔen: Der Prinzipal des AmViehTheaters zu Beulbar, ·je Zurawski. Unten: Die allerschönste Nebensache der ɛlt: Skat. Mit Wolfgang Stumph und dem Redakteur ·n *Showkolade* und *Zauberhafte Heimat*, Lutz Daum

Oben: Als Regisseur und Darsteller im Wildschütz. Unten: Mit Georg von Preußen in Sachsen, bei mir daheeme

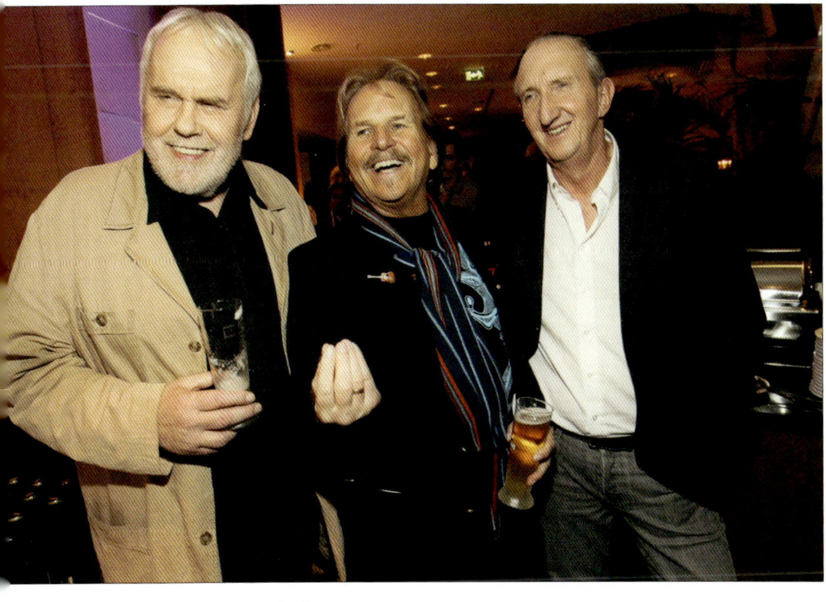

heiterer Runde mit Frank Zander und Mike Krüger

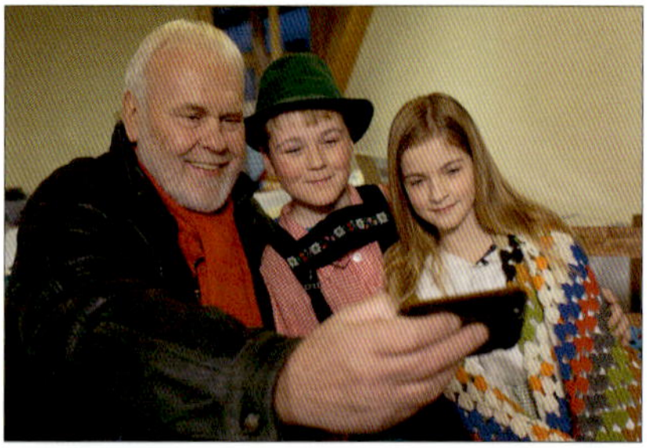

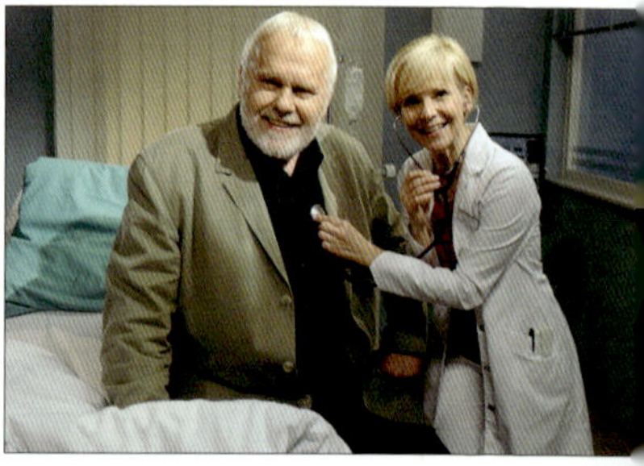

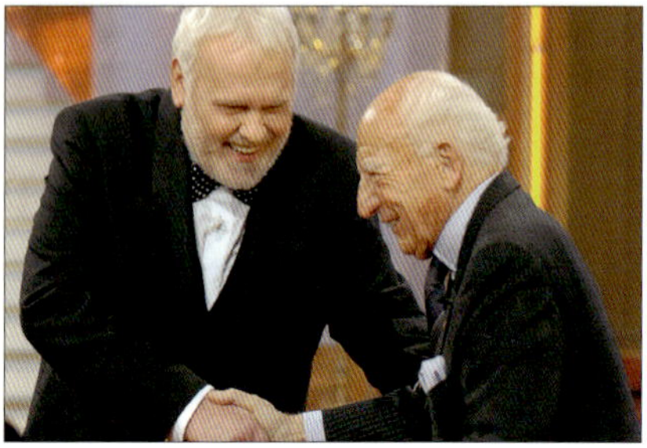

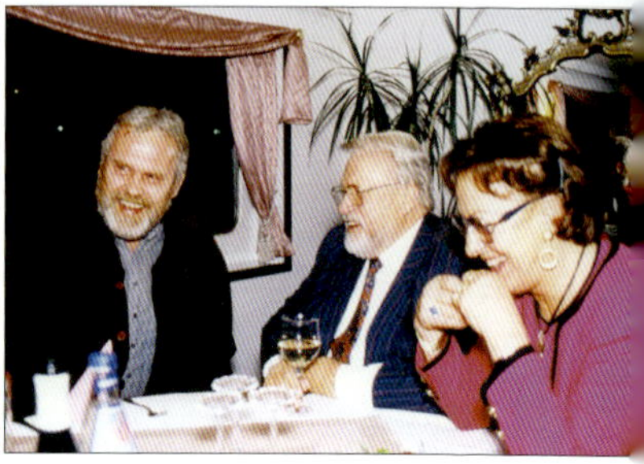

Oben: Ein Selfie mit Hänsel und Gretel am Rande einer Weihnachtssendung. Unten: Mit Walter Scheel

Oben: Als Gast bei *In aller Freundschaft* mit Andrea Kathrin Loewig. Unten: Mit Günter und Lore Strack

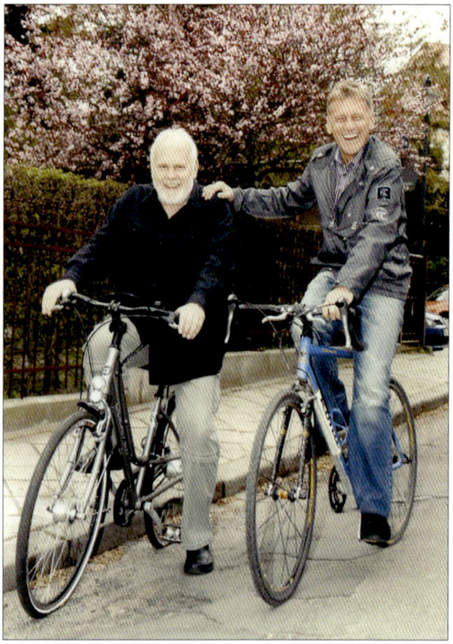

Sportlich: Fendrich und Emmerlich

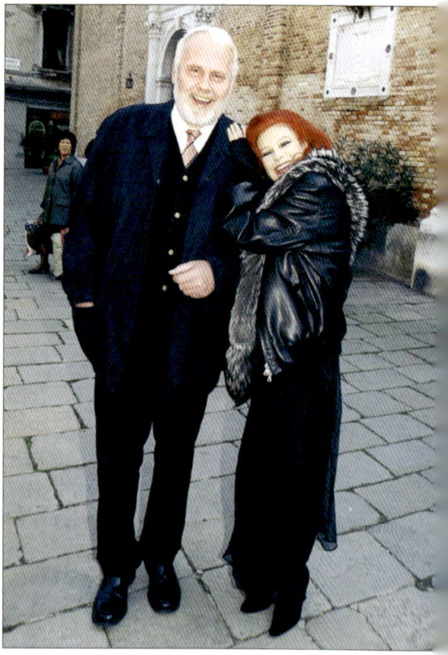

Mit Milva beim Dreh in Venedig

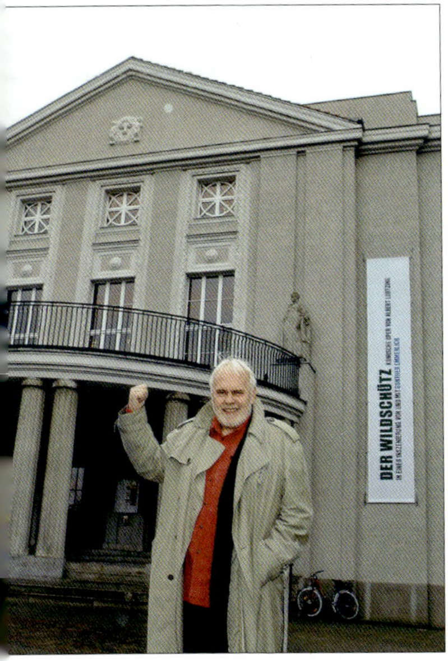

itenwechsel ins Regiefach.
12 vor dem Theater in Stralsund

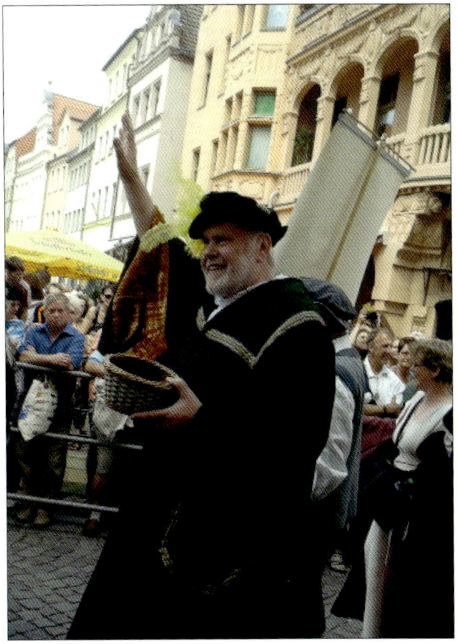

Als Friedrich der Weise beim Spenden sammeln in Wittenberg

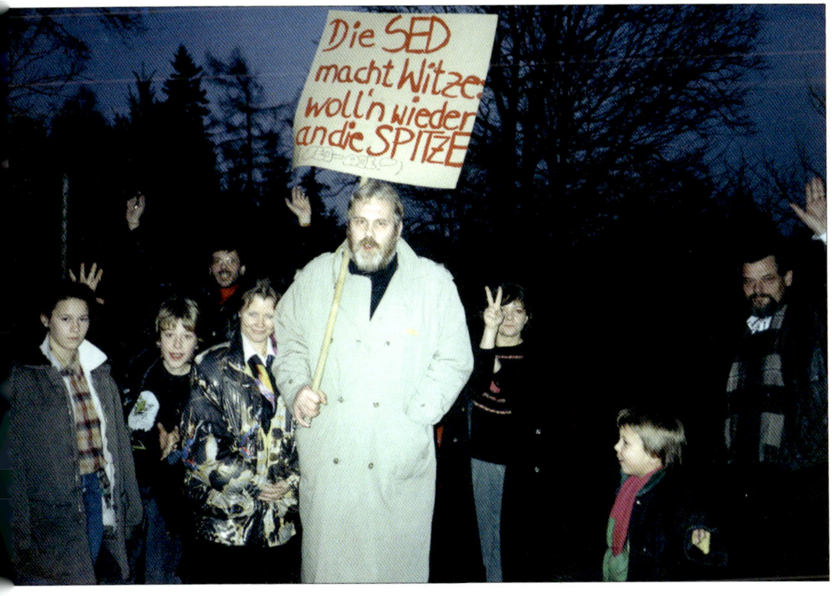

n Herbst '89

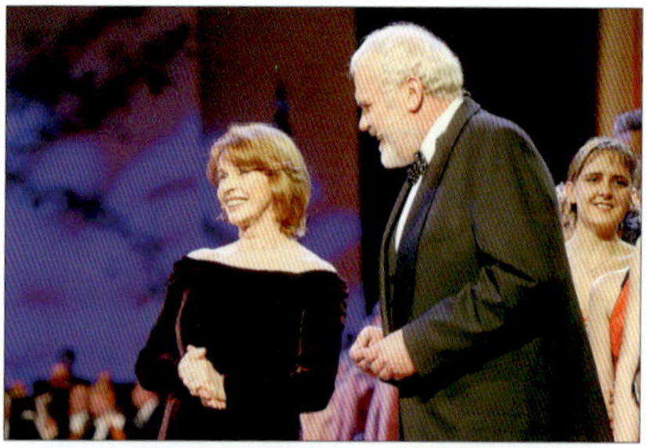
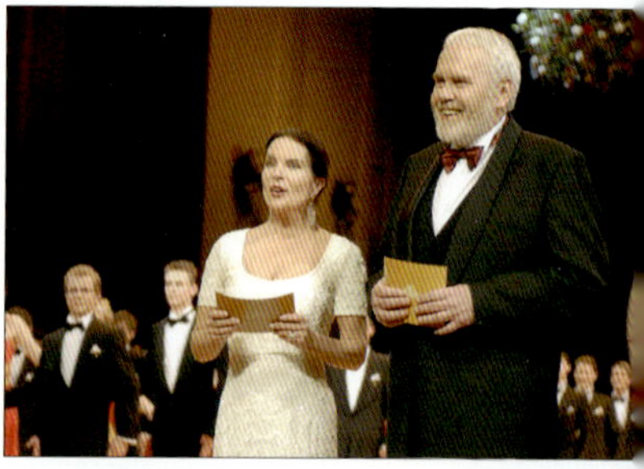
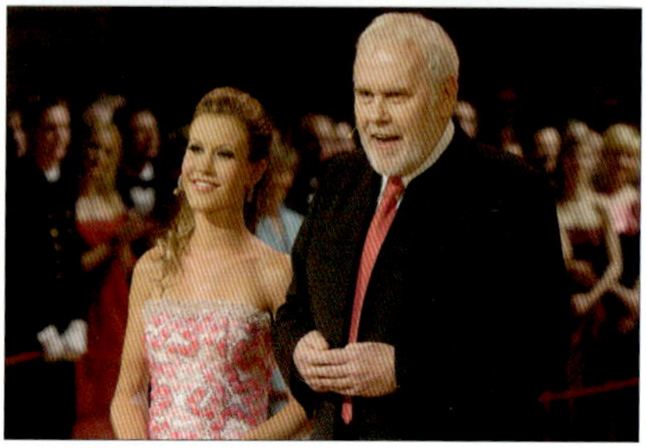
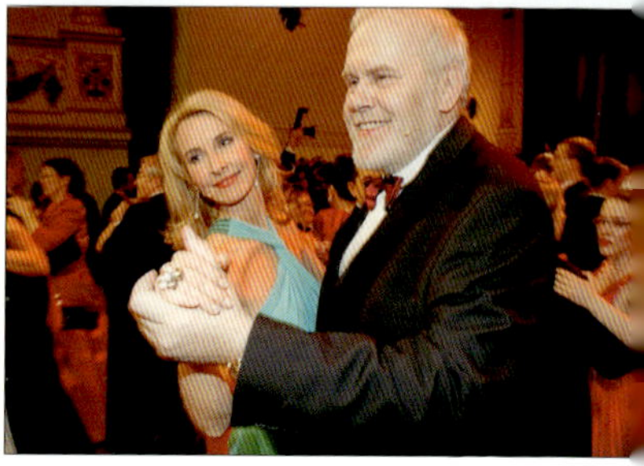

SemperOpernball. Von links oben nach rechts unten: Mit Senta Berger (2006), mit Gudrun Landgrebe (2007), mit Wolke Hegenbarth (2008) und mit Eva Lind (2009)

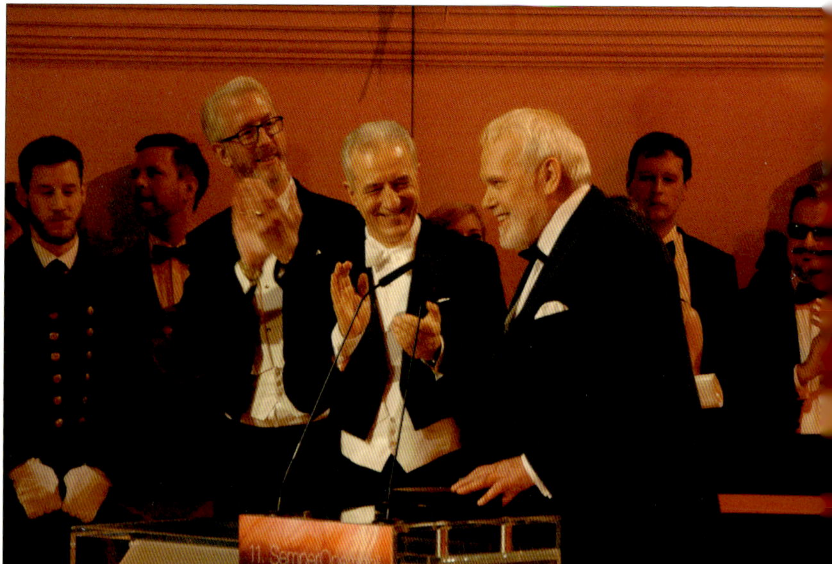

Semperopernball 2016, Ordensverleihung – Emmerlich endllich ordentlich!

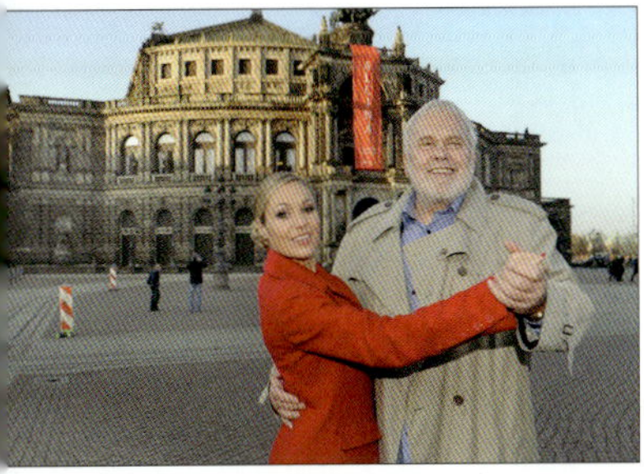

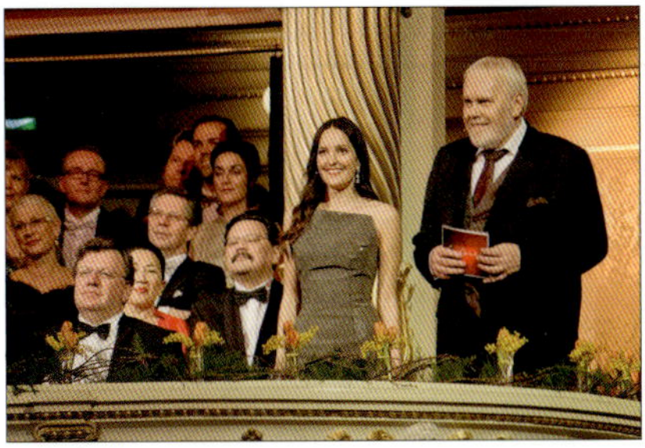

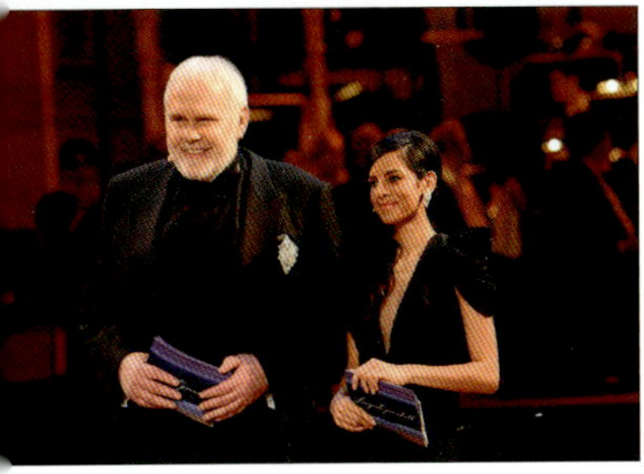

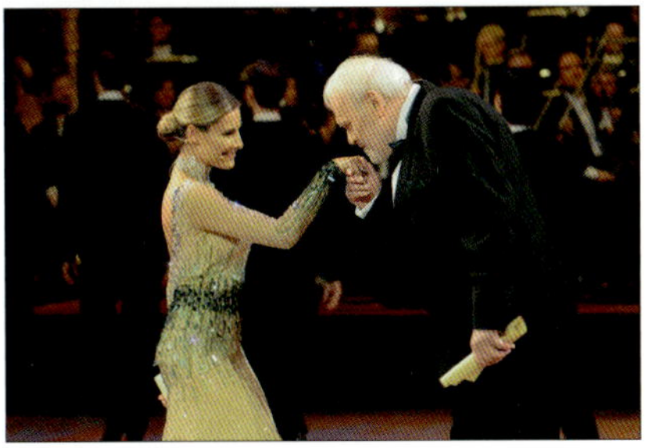

n links oben nach rechts unten: Mit Ruth Moschner (2012), mit Johanna Klum (2013),
t Collien Ulmen-Fernandes (2014) und mit Sophia Thomalla (2015)

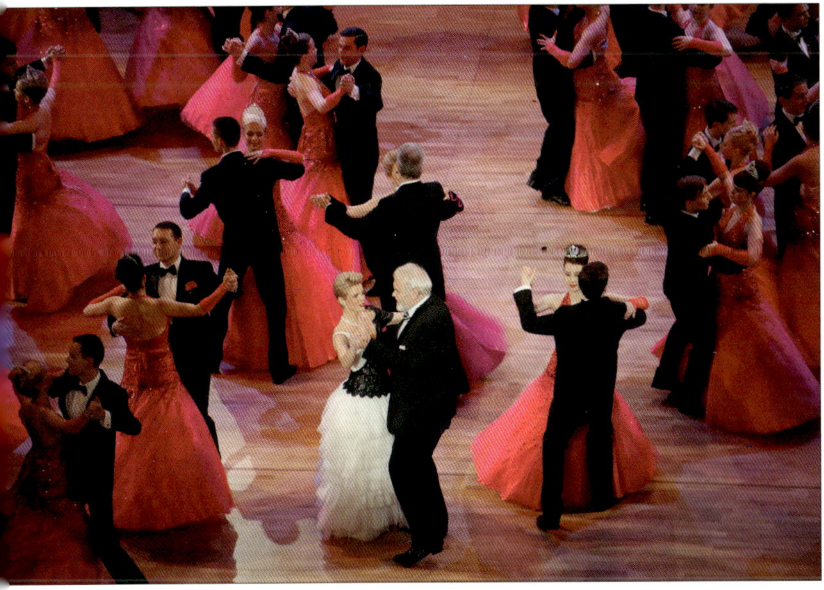

t Stéphanie Berger (2011)

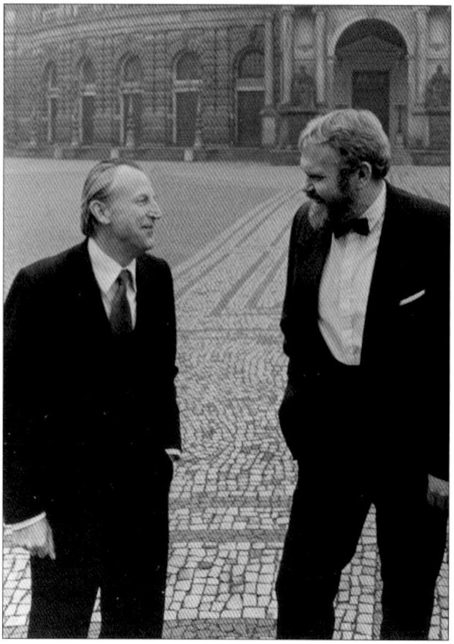

Mit Tasten- und Versekünstler Klaus Bender vor der Semperoper

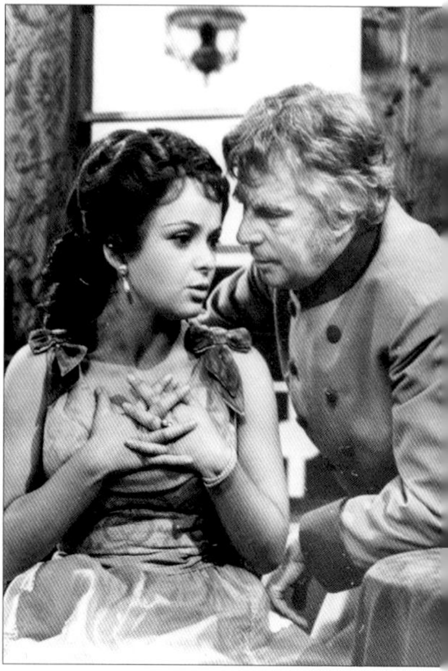

Meine Frau Anne mit Peter Herden, Staatsschauspiel Dresden

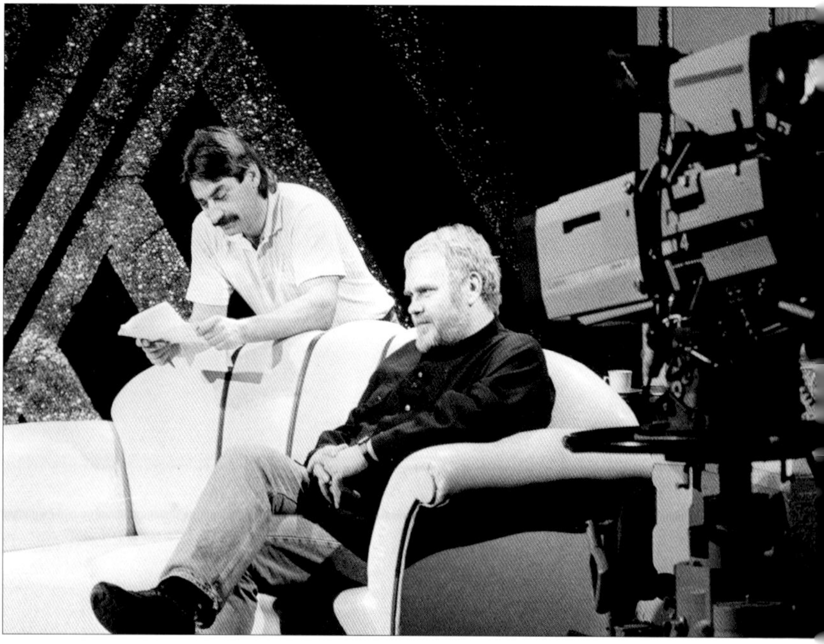

Sendepause in der Sendung »Showkolade«. November 1989 in der Semperoper

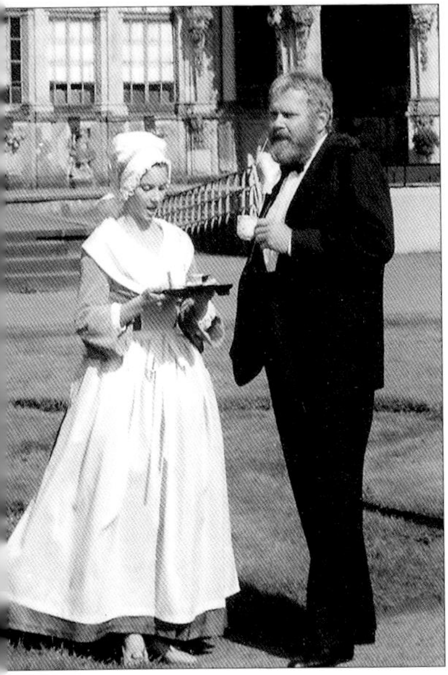

: Nadja Puls, dem Schokoladenmädchen aus der
ıdung *Showkolade* im Dresdner Zwinger

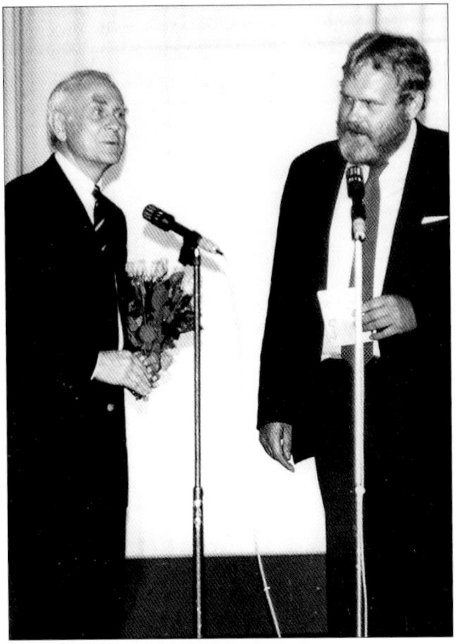

Mit Loriot anlässlich der DDR-Erstaufführung seines Filmes *Ödipussi*, 1988

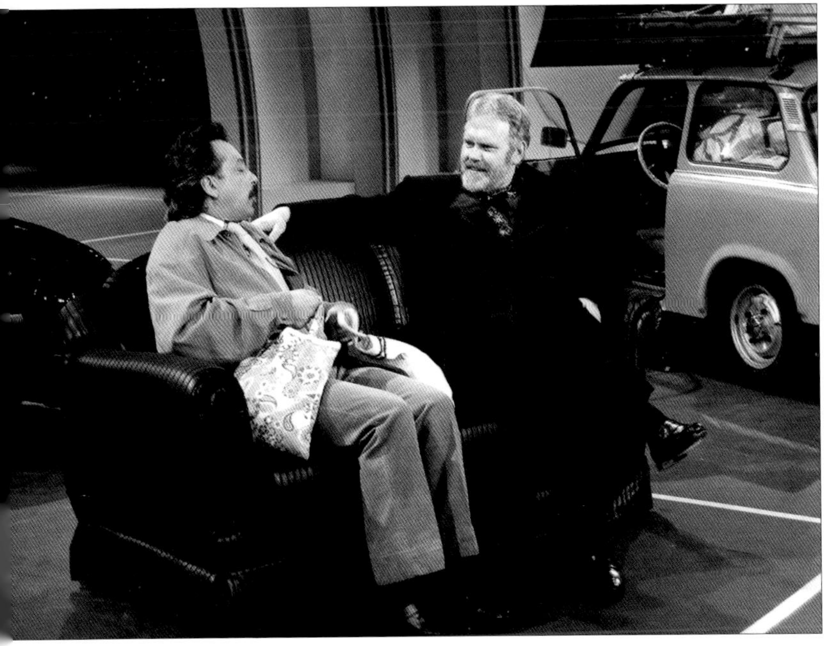

·ks Stumpi, rechts Trabbi, mitte Emmerlich. ZDF-Sendung »Nimm Dir Zeit« in Wiesbaden

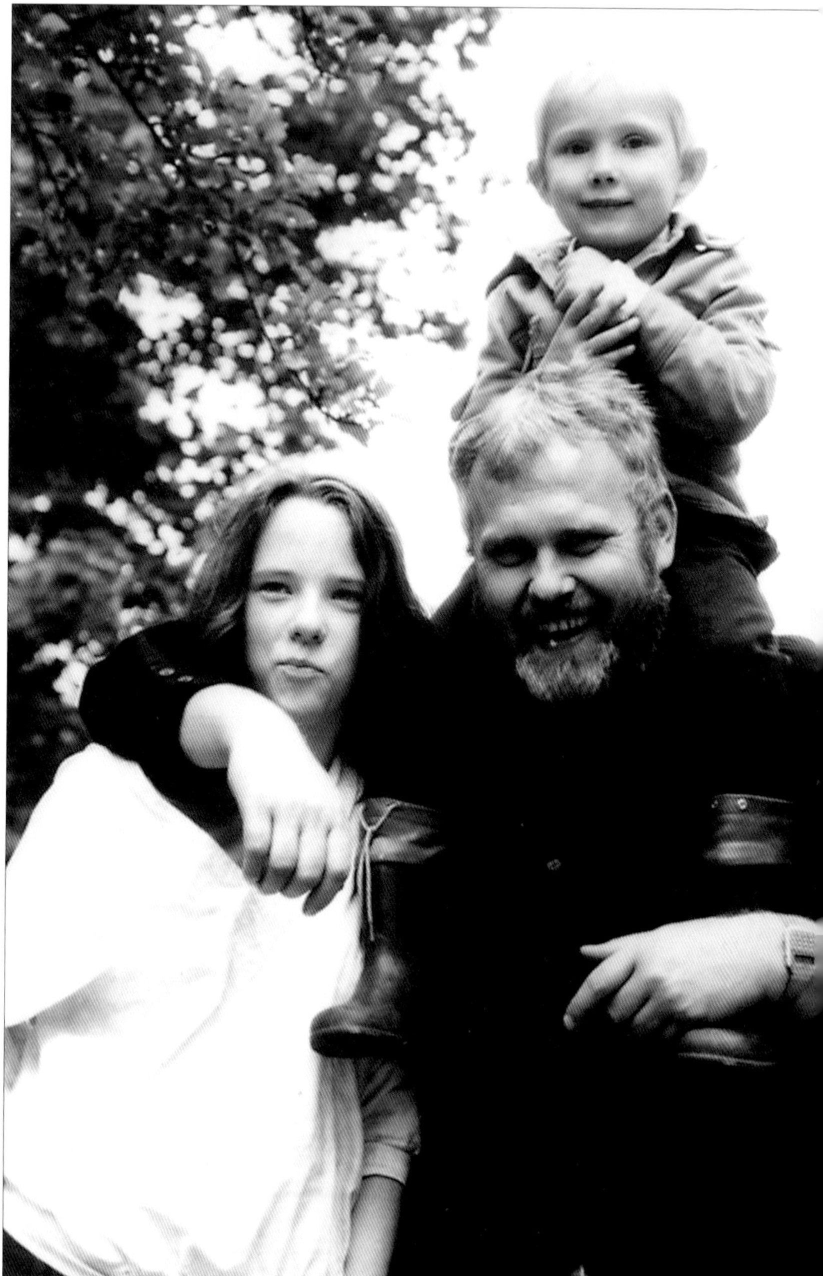

1988 mit Tochter Karoline und Sohn Johannes

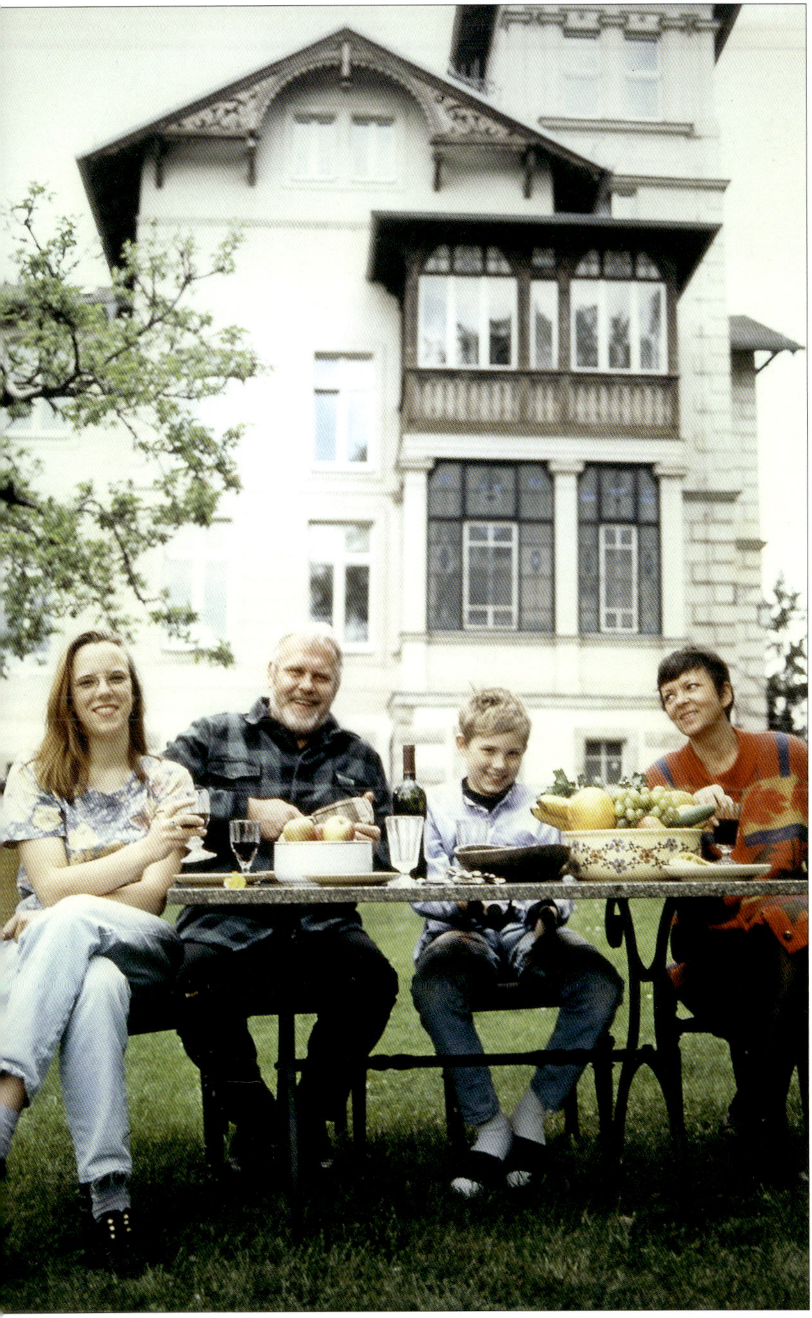

ıen 90ern hinterm Haus

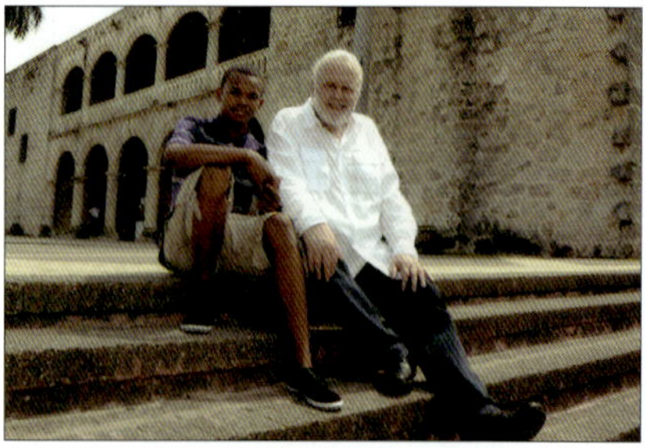

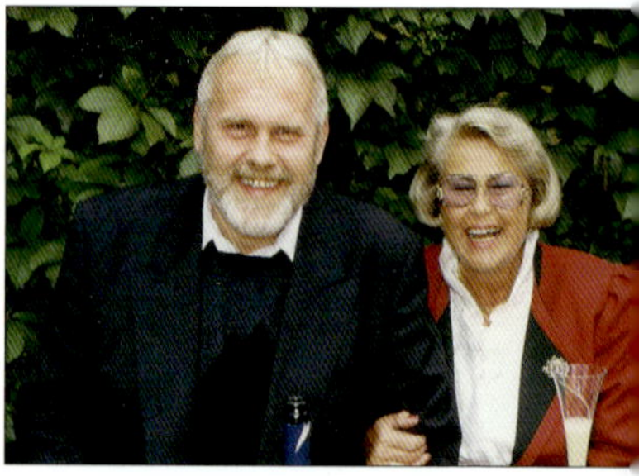

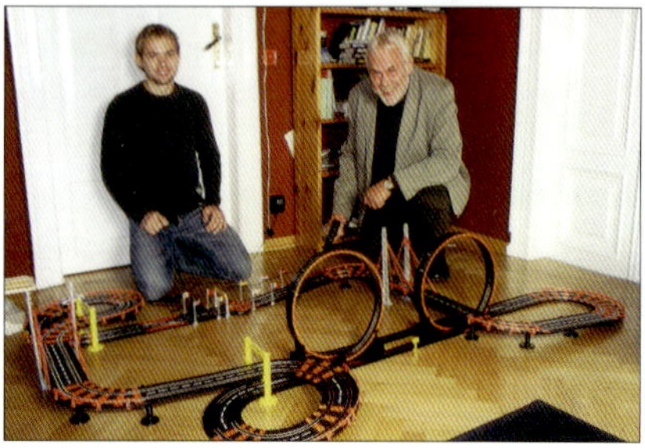

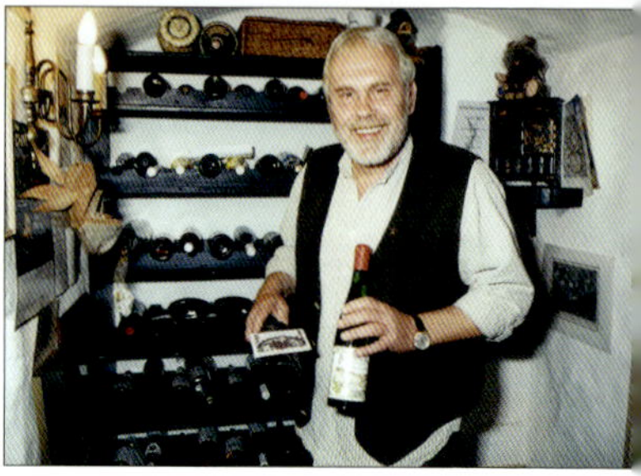

Oben: Mit meinem SOS-Kinderdorf-Patenkind Yorvis Martinez in Santo Domingo. Unten: Im echten Manne steckt ein Kind. Mit meinem Sohn Johannes beim Spielen

Oben: Mit meiner Schwester Ursula. Unten: Der Wein
botschafter bei der Arbeit im eigenen Weinkeller

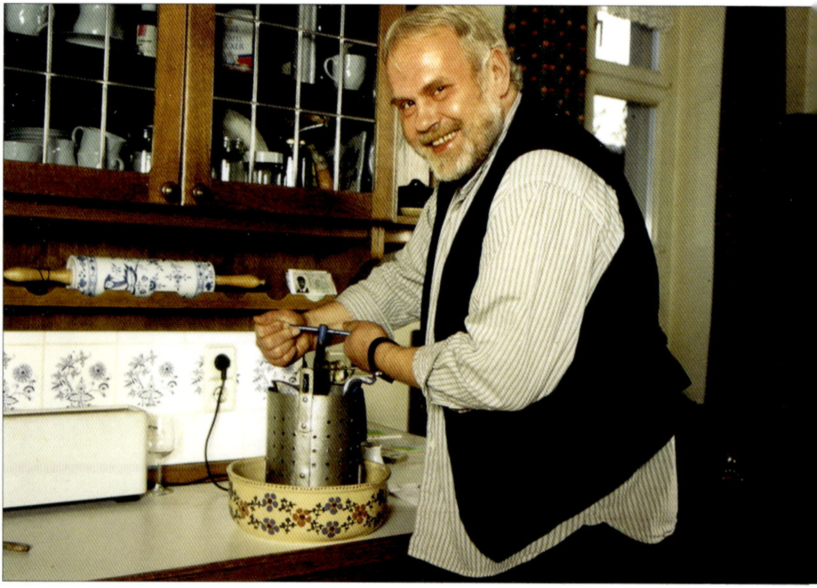

Ein Sonntag ohne Klöße verlöre viel von seiner Größe

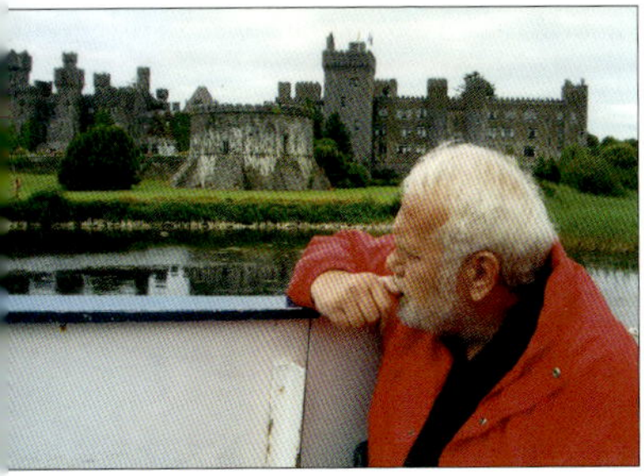

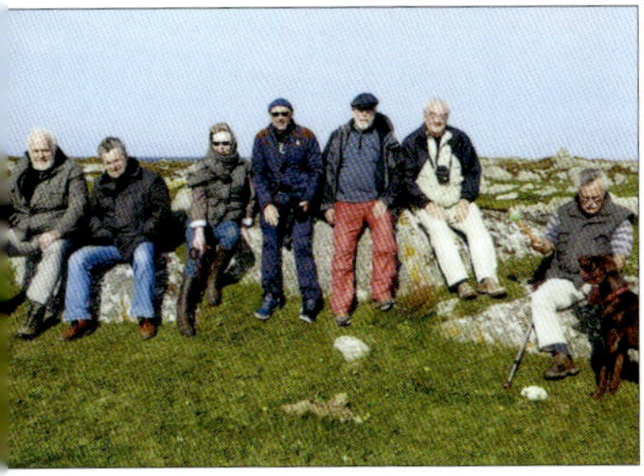

en: Vor Ashford Castle (Irland). Unten: Mit meiner ndergruppe *Bündnis '98 / die Blauen* in Irland

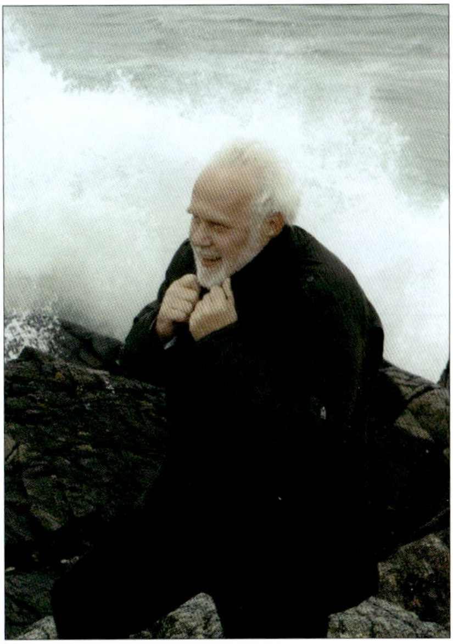

An der irischen Westküste bei Clifden

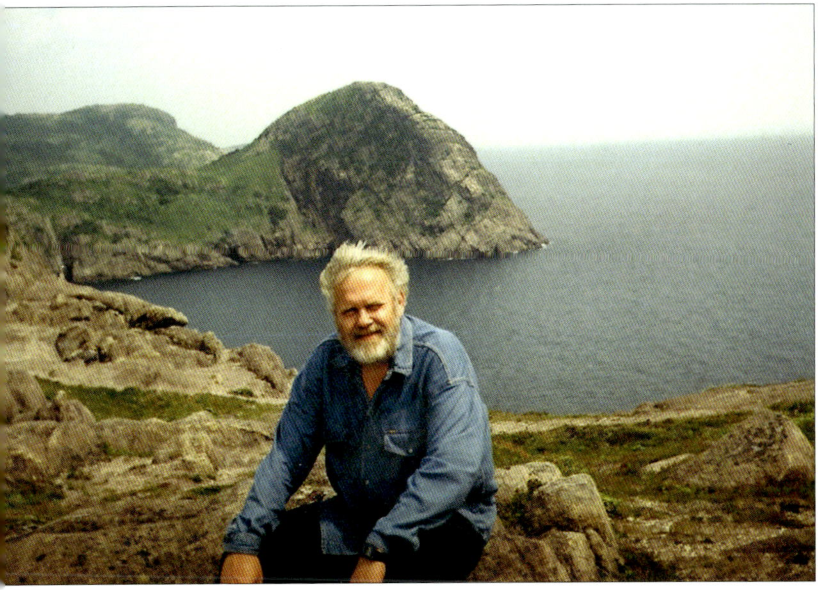

ınd, auch eine große Liebe

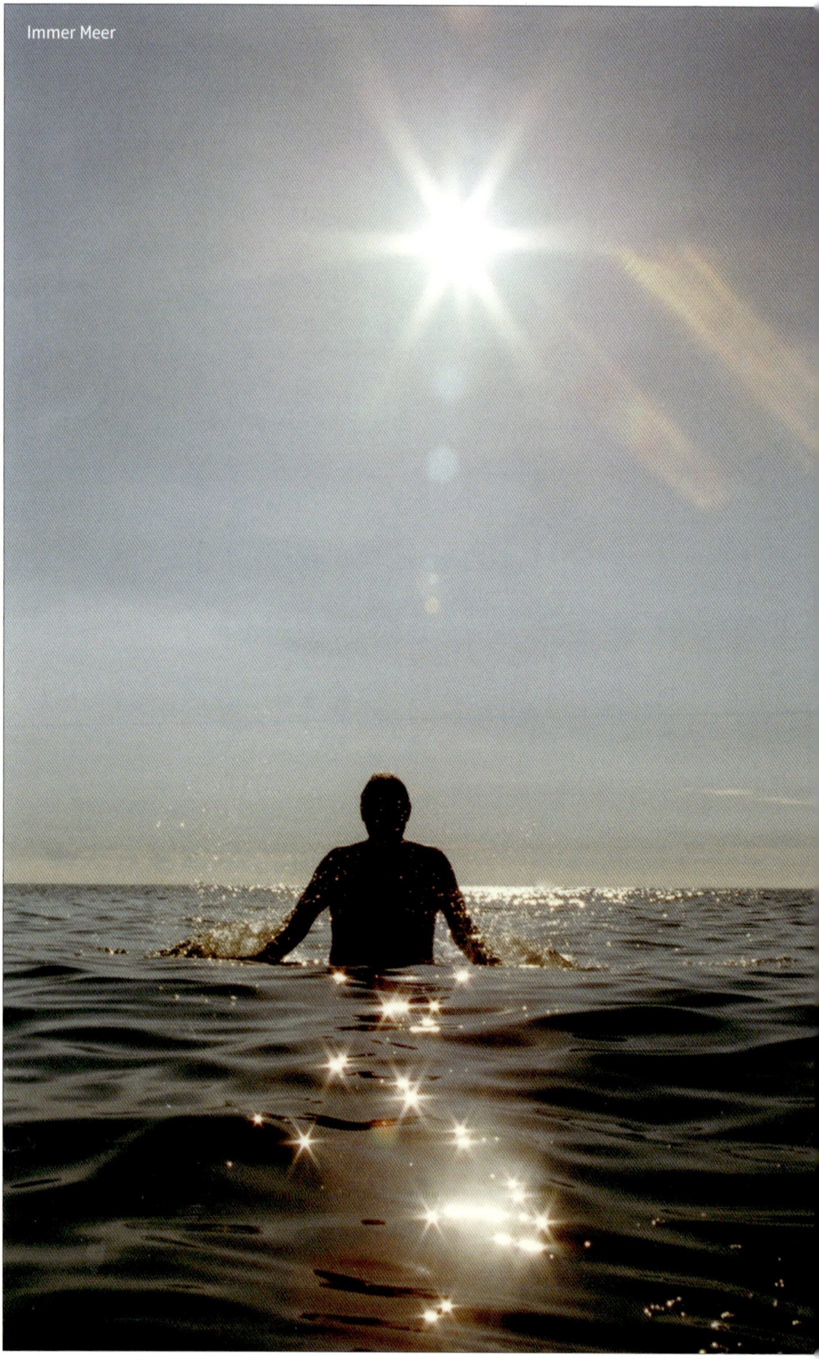
Immer Meer

Man sieht auf einem Bild drei Skatspieler, die auf dem spitzen Gipfel eines hohen Berges, inmitten anderer hoher, spitzer Berge, hochkonzentriert Skat spielen. Die drei Skatspieler sehen ausschließlich in ihre Karten. Da sagt der eine: »Das nächste Mal nehmen wir uns 'nen vierten Mann mit, da kann immer einer die Landschaft bewundern.« Das ist eine sehr konstruierte und voreingenommene Szenerie, die mit der Wirklichkeit nichts, aber auch gar nichts zu tun hat, denn welcher Kellner sollte aus welchen Fässern das frisch gezapfte Bier in regelmäßigen Abständen auf den Gipfel bringen? In welcher Küche sollte der frische Frischepeter angerichtet werden? Von anderen Bedürfnissen ganz zu schweigen. Im Übrigen würde der Wind den Skat ins nächste Tal blasen. Und außerdem sind Skatspieler keine Bergsteiger. Sie meiden die spitzen Gipfel und suchen im Tale ein hübsches, gemütliches Plätzchen, um der einzig sinnvollen Freizeitbeschäftigung nachzugehen: Skat spielen.

Wie viel Freude Wolfgang Stumph und mir das gemeinsame Skatspiel macht, wurde erst recht deutlich, als ich eines Tages einen Anruf von der Produktionsfirma der berühmten ZDF-Serie *Stubbe – Von Fall zu Fall* bekam. Wolfgang spielte bekanntlich in dieser Serie die Hauptrolle, und man bat mich, drei freie Abende in den nächsten 14 Tagen zu benennen. Wolfgang hatte in der Zeit Geburtstag, und man wollte ihm aus diesem Anlass einen Skatabend mit mir in Dresden schenken.

Wir legten uns beim nächsten Telefonat auf einen Abend fest, und es wurde ein Hubschrauber gestartet, in dem zwei des Skatspielens mächtige Mitarbeiter der Produktionsfirma und Wolfgang vom Produktionsort Hamburg nach Dresden flogen. In einem urigen Dresdner Restaurant wurde ein gemütlicher und fröhlicher Geburtstagsskatabend organisiert. Den Sieg beim Spiel haben uns die beiden sympathischen Hamburger nicht geschenkt, den mussten wir uns erarbeiten.

Es gelang spielend. Nicht nur die Idee und der Abend waren gut, auch das Ergebnis.

Außer Wolfgang Stumph gibt und gab es auch andere berühmte Skatspieler, z.B Hans Dietrich Genscher, Richard Strauss und Friedrich August III, der letzte König der Sachsen. Von meinem Nachbarn Erich ganz zu schweigen. Der König ging gern inkognito aus und kehrte dabei ebenso gern ein. Fehlte in der Wirtschaft, die er auserwählt hatte, an einem Tisch der dritte Mann, erklärte sich Friedrich August III. gern zu diesem. Der König stellte sich vor als August Wettin und das Spiel begann. Einmal machte er mit dem Schellenkönig, den er zu dritt hatte, einen Stich und sagte dabei: »Ma soll'n Genich nich unterschätzn …« Darauf ein Mitspieler: »Beim Skat!«, und Friedrich August setzte noch einen drauf und sagte: »Nu wodn sonst?!« So hat man es mir erzählt, und selbst wenn es nicht stimmen sollte, würde es zu ihm passen. Dass er seine Regentschaft mit den Worten beendete: »Da macht doch euern Dreck alleene!«, ist auch nicht gesichert, könnte aber von ihm sein, weil's zu ihm passt. Fest steht, dass er ein sehr volksverbundener, heiterer und gebildeter Monarch war. Das ist insofern erwähnenswert, weil es bei Fürscht'ns nicht immer der Fall war.

Die Sachsen und die Preußen unterscheiden sich nicht nur im Dialekt, sie sind auch ansonsten sehr unterschiedlich. Der Sachse sagt zur Brühe »Brieje« und der Preuße »Bouillon«. Die Berliner Bulette heißt in Dresden Bäffstäck. Es gab und gibt noch andere gravierende Unterschiede, die auch dazu führten, dass sich Friedrich August III. und Kaiser Wilhelm II. immer aus dem Wege gingen. Und dennoch war der Sachsenkönig unter den Gratulanten zu Wilhelms 50. Geburtstag. Der Preußenkönig fragte, ebenso erfreut, wie verwundert, was ihm die Ehre verschaffe, dass er ihm zum Geburtstag gratuliere. Darauf der Sachsenkönig: »'S traf 'ssch grade ganz ginstsch, hier war ne Hundeausstellung in Berlin.«

Eines zeitigen Morgens musste er nach Zeithain zum Manöver. Dort machen sie heut noch solchen Blödsinn. Vielleicht war es nach einer durchzechten Skatnacht, jedenfalls stellte er kurz vor Beginn des Manövers fest, dass er unrasiert war. Er ließ sich zum nächsten Barbier fahren. Durch seine Uniform und nicht zuletzt durch die Anrede seiner ihn begleitenden Untertanen wurde dem Barbier von Zeithain schnell klar, wen er da unter seiner Klinge hatte.

Seine sonst so ruhige Hand war ihm abhandengekommen, und er schnitt bei der Rasur seiner Königlichen Majestät in die Wange. Friedrich August III. kommentierte: »Das kommt vom viel'n Saufen, mei Lieber.« Darauf sagte der immer nervöser werdende Barbier von Zeithain: »Ja, ja, Majestät, davon wird de Haut so dinne.« Ob die Sachsen beim anschließenden Manöver gewannen, ist nicht überliefert. In den Kriegen gegen die Preußen haben sie jedenfalls nie gewonnen. Es war auf die Dauer keine gute Idee, sich mit Österreich zu verbünden. Der Skatspieler Friedrich August III. war sicherlich erfolgreicher.

Im Übrigen fand man früher unter Skatspielern *Skatspielerinnen* höchst selten. Da hat es erfreuliche Veränderungen gegeben. Manchmal kaum nachvollziehbare. Meine Tochter spielt blendend Skat. Meine Söhne gar nicht. Da hab ich als Vater versagt.

Dabei ist es doch so ein königliches Kartenspiel.

20

EINE ERINNERUNG

Wer kann schon behaupten, immer zur richtigen Zeit am richtigen Ort gewesen zu sein, das richtige Wort gefunden und das Richtige getan zu haben. Der Zufall, das Glück, die Logik eines Lebens und Verbündete im Geist der eigenen Meinung machen solche seltenen Momente möglich und erlebbar. Selbst wenn der besondere Augenblick zu verblassen droht, flattern manchmal Erinnerungen anderer ins Haus, die diese besondere Zeit wieder lebendig werden lassen.

Die Zeit vor und nach dem Fall der Mauer verging so rasant, dass manches Detail verloren ging. Ab Anfang Oktober 1989 verlasen wir unmittelbar nach der Vorstellung eine Willenserklärung, die den Unmut über die bestehenden Verhältnisse in der in sich zusammenfallenden DDR beschrieb. Wir hatten diese Erklärung gemeinsam mit befreundeten Kollegen erarbeitet und traten aus unseren Rollen heraus. Im Folgenden eine Reaktion, die ich 26 Jahre danach bekam:

Besuch der Semper-Oper am 31. Oktober 1989
Der Barbier von Sevilla (Rossini)

Trotz monatelanger Voranmeldung für irgendeine beliebige Voraufführung während unseres Dresden-Aufenthalts blieb es bis zum Mittag des 31. Oktober unsicher, ob überhaupt und, wenn ja, in welcher Anzahl Karten für eine Aufführung zu erhalten waren. Gegen Abend dann zumindest ein Teilerfolg: 18 Mitglieder unserer Gruppe konnten sich auf die Aufführung freuen.

Das von Gottfried Semper Ende des letzten Jahrhunderts erbaute und erst vor wenigen Jahren nach schwerer Kriegs-

Hannelore Schmakeit   Daverden, d. 11. 11. 2015
Im Sande 9
27299 Langwedel

Sehr geehrter Herr Emmerlich,

Ihr Name ist für mich und meine Reisegruppe, für die ich 1989 von Niedersachsen aus die DDR-Reise organisierte, untrennbar mit den historischen Ereignissen, die zur Maueröffnung führten, verbunden

Bei Aufräumarbeiten fiel mir der 1989 verfasste Bericht in die Hände. Vielleicht interessiert es Sie, was uns vor 26 Jahren nachhaltig beeindruckt hat. Die beigefügte Kopie mag das verdeutlichen.

Ihnen und uns wünsche ich, dass Sie noch lange Ihrem Beruf, bzw. Ihrer Berufung, nachgehen können.

Mit herzlichem Gruß
H. Schmakeit

zerstörung restaurierte weltberühmte Gebäude mit seinem imposanten Vorplatz und den Nebengebäuden (italienisches Dörfchen) hatte uns schon bei mehrmaligem Vorbeifahren rein äußerlich, nun aber besonders in abendlicher Beleuchtung, beeindruckt. Dann das überwältigende Gefühl beim Betreten. Ein Prachtbau wie aus dem Bilderbuch mit herrlicher Bemalung, mit Verzierungen in den Wandelgängen, an den Decken, an den Fassaden der Logen und Ränge. Die Aufführung selbst wurde zu einem künstlerischen Hochgenuss. Kräftige und klare Gesangsstimmen, große schauspielerische und tänzerische Leistungen, die sehr aufwendige, aber passende Kostümierung und das ganze Bühnenbild vermittelten uns ein Opernerlebnis höchster Qualität. Kleine, sich mehrfach wiederholende, in die Texte frei eingebaute Spitzen auf die aktuelle politische Lage in der DDR hoben die ohnehin gute Stimmung im Publikum. (Beispiel: Das Unverständnis des ausgebooteten Liebhabers über seinen misslungenen finanziellen Bestechungsversuch kommentierte der erfolgreiche Nebenbuhler mit dem Satz: »Man muss eben die richtige Währung haben.«) Auffallend und unverständlich war es, dass, trotz der beim Publikum erkennbaren großen Begeisterung, nach der Pause diverse Plätze im Parkett leer blieben. Die Erklärung dafür sollte sich später ergeben.

Der Applaus wollte nach dem Schlussakkord nicht enden. Immer wieder gab es Vorhänge, und nach und nach kamen erst der Dirigent, später auch das ganze Orchester auf die Bühne. Endlich füllte sie sich mit allen Bühnenarbeitern, Technikern bis hin zu den Garderobenfrauen. Eine derartige Menschenansammlung hatten wir auf einer Bühne noch nicht erlebt. Das Publikum klatschte mit fast südländischer Begeisterung. Doch mitten in diesen Beifallssturm hinein trat dann einer der Hauptdarsteller, der Bass Gunther Emmerlich, und bat das Publikum mit Handzeichen um Ruhe. Die knisternde Spannung war nicht zu überbieten. Es wurde ihm eine schwarze Mappe gereicht, und nun verlas er mit seiner schönen, tiefen Stimme eine mutige und wohlformulierte Resolution gegen das herrschende System. Dass wir hier Zeuge eines wahrhaft »historischen« Vorgangs wurden, fühlten wir alle. Leider kann man im Nachhinein den verlesenen Wortlaut nur noch auszugsweise und auch nur sinngemäß wiedergeben. Es war ein längerer, inhaltsschwerer Text, von dem nur Bruchstücke im Gedächtnis geblieben sind. Neben dem Gesagten war es schließlich auch die Atmosphäre, die uns ergriff und die noch lange nachwirkte. Gunther Emmerlich begann in etwa: »Es ist sicher ungewöhnlich, dass Künstler den ihnen zugedachten Beifall unterbrechen. Aber ungewöhnliche Situationen erfordern ungewöhnliche Maßnahmen, und unser Land befindet sich derzeit in einer ungewöhnlichen Situation.« Er führte dann weiter aus: »Dieses Haus gehört dem Volk. Es wurde für das Volk gebaut und nicht für irgendeine ignorante Clique von wenigen. Das Volk aber sind wir, Sie, das Publikum und wir, die Künstler. Unser Land befindet sich im Aufbruch. Es will die Macht den Glaubwürdigen in die Hand geben und seine Ordnung in freier Selbstbestimmung regeln. Das daraus resultierende System kann ein sozialistisches sein.« (Anhaltender Beifall, wenn auch einige Zuschauer noch zögerten zu klatschen.)

Weiter wurde eine schonungslose Aufklärung aller Missstände gefordert, ohne jedoch schon jetzt eine Form für eine neue Ordnung vorzuschreiben. Es klangen weder Hass noch Hetze an, auch nicht Besserwisserei, jedoch der deutliche Ruf nach Toleranz und Gerechtigkeit. Die Resolution drückte den unabänderlichen Willen der großen Mehrheit des Volkes aus, eine neue Gesellschaftsordnung zu schaffen. Der Aufruf zum Widerstand war unüberhörbar. Immer wieder gab es Zwischenbeifall, zum Schluss wollte das Klatschen gar kein Ende nehmen. Dies stärkte die Künstler auf der Bühne. Sie reichten sich die Hände, um symbolisch ihre Geschlossenheit und Solidarität mit dem verlesenen Aufruf zu bekunden.

Darauf erfolgte eine gleiche Reaktion im Publikum. Jetzt hielt es auch die zögernden Besucher nicht mehr auf ihren Sitzen.

Stehende Ovationen des ganzen Hauses. Im Nachhinein konnten wir uns die leeren Parkettplätze erklären. Die begehrten Karten für eine Aufführung in der Semperoper wurden in der Vergangenheit vorzugsweise den Touristen gegen harte Devisen und auch nicht wenigen linientreuen DDR-Bürgern zur Verfügung gestellt. Einige Verbohrte unter ihnen konnten wohl die sich anbahnende Wende noch nicht fassen. Sie verließen in Kenntnis dessen, dass allabendlich in jedem Theater diese Resolution verlesen wurde, in der Pause ihren Platz, um dem sie bedrückenden Konflikt zu entgehen.

Wir alle waren – ohne jedes einzelne Wort in seiner Bedeutung im Moment verstehen zu können – von der Tatsache einer solchen Aktion und eben auch von der Ausgewogenheit der Worte bewegt. Schließlich waren uns aus all den Jahren zuvor das Risiko und die drohenden Konsequenzen einer solchen Handlung in grausamer Erinnerung. Schon den geringsten Versuch, anders, als das diktatorische System es vorgab, zu denken, geschweige denn zu handeln, haben viele Menschen in der DDR oft mit schwersten Belastungen für ihr eigenes, aber auch für das Leben ihrer ganzen Familie bezahlen müssen. Vor diesem Hintergrund war besonders der Mut der diese Resolution verantwortenden Menschen in höchstem Maße zu bewundern. Noch vor unserer Reise war es, wie wir hörten, zeitweise auch verboten, diese Resolution zu verlesen. Doch die Zeremonie blieb dieselbe, nur der »verlesende« Schauspieler hielt schweigend die schwarze Mappe, sodass der Effekt der gleiche war.

Sicher hat es keinen von uns gegeben, der diesen Abend in seiner so vielfältigen Wirkung nicht als das erlebt hat, was er wirklich war: ein »historischer« Moment einer friedlichen Revolution, die nur wenige Tage später zum Fall der Mauer führte. Einen Hauch davon spürten wir, ohne auch nur im Entferntesten daran zu glauben, dass das, was Gunther Emmerlich mit seinen Worten ausdrückte, so schnell Realität werden würde.

21

FERNSEHEN IST DOOF

Meine Frau war mal Schauspielerin. Immerhin am Staatstheater Dresden. Sie hörte damit auf, als das Leben auf der Straße spannender war als jede Theateraufführung. Kurz nach '89. Zum Fernsehen hat sie kein gutes Verhältnis. Filme schaut sie sich nur im Bezahlfernsehen an. Sie kennt alle diesbezüglichen Kanäle. Ansonsten meidet sie das Fernsehen wie der Teufel das Weihwasser. Sie findet es verlogen, doof, asozial und verantwortungslos. Sie räumt ein, dass es sicher ein paar gescheite Sendungen gäbe, aber die zu suchen sei ihr zu mühselig. Sie hofft auf den seltenen Zufall, der kaum eintritt. Sie liest sehr viel Zeitungen und Bücher. Selbst den *Turm* von Uwe Tellkamp hat sie bis zum Ende gelesen. Anne ist diskutierfreudig, und man kann mit ihr über alles reden – bloß nicht übers blöde Fernsehen. Meine Frau ist generell sehr konsequent. Sendungen, mit denen ich zu tun habe, schließt sie in ihr Urteil ein. Da ist sie gnadenlos. Hilft mir dennoch bei der Vorbereitung dieser Sendungen nach Kräften. Das Interesse am Ergebnis der Arbeit ist gering. Ist ja blödes Fernsehen. Die Abteilung Unterhaltung ist ihr ein besonderes Gräuel. Sie lehnt das Fernsehen fröhlich ab.

25 Jahre war sie Schauspielerin. Hat Schiller und Shakespeare, Goldoni und Curt Goetz gespielt. Sie spielte auch in Fernsehserien, und ihren ersten Film drehte sie mit 15. Er fiel dem XI. Plenum der SED zum Opfer. Den in der Mitte der 60er-Jahre gedrehten Film hat sie 1990 das erste Mal gesehen. *Denk bloß nicht, ich heule* heißt er. Theater mag sie im Grunde ihres Herzens immer noch. Nur nicht dieses Regietheater mit der intellektuellen Überheblichkeit selbst ernannter Volkserzieher und der Hemmungslosigkeit von Straßenkötern.

Besonders mag sie Ballett. Diese wortlose Kunst, die in der Sprache der Körper eigene Lesart ermöglicht.

Fernsehfilme hat sie früher nur zum Zweck des Geldverdienens gedreht – sagt sie und meint es auch so. Von dem ersten verbotenen Film redet sie anders. Talkshows findet sie generell grauenvoll. Sie seien gnadenlos kommerziell. Gäste sind entweder zu Themen gecastet, oder sie verkaufen Filme, Bücher, CDs oder ihre eigene Dämlichkeit. Sagt sie. Und macht mich nachdenklich. Sie schminkt sich kaum, trägt keinen Schmuck und kennt von Markenklamotten nicht mal die Namen. Fernsehen sei der Triumph der Äußerlichkeiten. Fernsehen und sie passen einfach nicht zusammen.

22

KANZELREDE IN DER STADTKIRCHE ZU WITTENBERG ZUM THEMA KIRCHE UND BÜHNE, 31. AUGUST 2014

Fräulein Bürgel und Herr Neumann – so hießen meine Religionslehrer, die bei ihrer Berufswahl keine glückliche Hand hatten. Und so kam es, dass ich ihren Unterricht nicht regelmäßig besuchte. Dass ich heute immer noch ein fröhliches Mitglied der evangelischen Christenheit bin, liegt weder an Fräulein Bürgel noch an Herrn Neumann. Beide verkörperten den religiös-pädagogisch und didaktisch-humorlos wandelnden Zeigefinger des späten 19. Jahrhunderts. Obwohl sie alles andere als lustig waren, fanden wir sie komisch – was dennoch nicht zu einem gemeinsamen Lachen führte. Ob sie überhaupt je lachten, ist nicht überliefert.

Die Zehn Gebote paukten sie uns ein wie Zehn Verbote, und die Frohe Botschaft verkündeten sie uns, als sei etwas Schreckliches geschehen.

Meine trotz Krankheit heitere und gütige Mutter, Martin Luther und J. S. Bach haben das Schlimmste verhindert, und so kam es, dass ich immer noch ein fröhliches Mitglied der evangelischen Christenheit bin und heute hier in Wittenberg die Kanzelrede reden darf. Gott sei Dank.

Warum habe ich so weit ausgeholt beim Kanzelredethema Kirche und Bühne?

1. Weil selbst das Neue Testament schon ziemlich alt ist (vom Alten ganz zu schweigen), und auch unsere Konfession schon fast 500 Jahre auf dem Buckel hat. Da sollte man auch in kurzen Reden nicht allzu kurz springen.

2. Wer nicht weiß, wo er herkommt, weiß auch nicht, wohin er will.

3. Wer Fehler in der Vergangenheit nicht bekennt und benennt, wird zukünftig unter Fehlermaximierung leiden. Zumindest sollten die alten Fehler nicht wiederholt werden, da muss es doch auch neue geben.

Kirche und Bühne: Ich glaube, dass selbst das kleine Lesepult – die Religionslehrerkanzel im Religionsunterrichtszimmer – als Bühne begriffen werden sollte, denn die Faszination, die von unserem Glauben ausgeht, muss auch faszinierend vermittelt werden. Ansonsten wird der Glaube an den Glauben nicht entfacht und das Wissen um den Glauben nicht begreifbar. Unser Glaube ist auch eine gute Idee. Wer von dieser Idee nicht beseelt und überzeugt ist, wer nicht brennt wie eine Fackel in der Finsternis, der sollte die Kanzel meiden. – Es gibt so viel Gottgefälliges, was man wortlos und hingebungsvoll tun kann.

Jede Theaterrolle bedarf nicht nur des Textes, sondern einer raumgreifenden Persönlichkeit mit Meinung, Ausstrahlung und Aussage, sowie heiterer Distanz auch in ernstesten Dialogen. Die ganz persönliche Deutung des Textes, die individuelle Ausformung erst weckt das Interesse der dann auch geneigten Zuhörerschaft. Selbst Pausen an der richtigen – aber auch an der falschen – Stelle können einem scheinbar bekannten Text eine jähe Wendung geben und neue Aufmerksamkeit erzeugen.

In einem Evergreen des 20. Jahrhunderts heißt es: »Ich brauche keine Millionen, mir fehlt kein Pfennig zum Glück …« – Das ist die klare Ansage eines zwar armen, aber fröhlichen Menschen. Ein Komma eingefügt, und der Satz bekommt einen völlig anderen Inhalt. Er wird die Aussage eines mit Geldsorgen völlig unbehelligten Menschen, mir fehlt kein Pfennig – Komma – zum Glück …«

Sehr bescheiden klingt: »Der brave Mann denkt an sich selbst zuletzt.« Wie unbescheiden dagegen mit Komma: »Der brave Mann denkt an sich – Komma – selbst zuletzt.« Man(n) oder Frau kann einen Text nicht nur auswendig lernen oder ablesen, begreifen wäre gut, mit Meinung lebendig machen und verführerisch vortragen noch besser. Auch wer seinen Text im Schlaf kann, hat den möglichen Schlaf der Zuhörer noch nicht verlässlich verhindert. Wie könnte es bei der Verkündung des Wortes Gottes anders sein? Und doch gibt es natürlich und übernatürlich Unterschiede. Der Verkünder oder die Verkünderin des Wortes Gottes darf keine Rolle spielen. Sie müssen Sie selbst sein und aus sich selbst heraus überzeugen, damit die Seelen umsorgt sind, um die sich die Seelsorger sorgen sollen. Der Pfarrer bzw. die Pastorin ist insofern vergleichbar mit einem Moderator. Wenn der nämlich eine Rolle spielt, dann spielt er bald keine Rolle mehr und ist weg vom Fenster. Der Pfarrer wäre weg vom Kirchenfenster. Manchmal bleibt er aber auch, und das ist nicht gut, weder für den Moderator und seine Gemeinde, noch für den Pfarrer und seine Gemeinde.

Humor ist leider nicht erlernbar. Wer gar keinen hat, sollte versuchen, in der Verwaltung unterzukommen. Shakespeare sagte: Um ernst zu sein, genügt Dummheit, während zur Heiterkeit ein großer Verstand unerlässlich ist. Heiterkeit bricht das Eis bei jeder Witterung. Manchmal selbst Heiterkeit wider Willen:

Zur Weihe der Neuen Dresdner Synagoge hat ein Mitarbeiter des Gotteshauses eine Art Warm-up vor der feierlichen Zeremonie zelebriert. Besonderheiten des besonderen Tages wurden erläutert, und besondere Gäste wurden namentlich willkommen geheißen. Er begrüßte den damaligen Ministerpräsidenten und seine Frau, den Landtagspräsidenten und seine Frau, den evangelischen Bischof und seine Frau und den katholischen Bischof und seine Frau. Die darauffolgende Heiterkeit und der Applaus standen nicht im Protokoll, aber der Veranstaltung gut zu Gesicht. Diese Fröhlichkeit war dem weihevollen Tag nicht im Wege.

Zurück zum Thema. Die Frage, ob eine Kirche, insbesondere der Altarraum oder die Kanzel, eine Bühne ist, muss eindeutig bejaht werden. Die Inszenierungen sind in katholischen Kirchen, Moscheen und Synagogen üppiger, prunkvoller und historischer als in evangelischen Kirchen. Das Stück aber, die handelnden Personen, die Heiligen und die Moral sind vergleichbar. Die Musik ist freilich unterschiedlich, aber beseeltes Musizieren kennt keinerlei konfessionelle Grenzen. Für das Mozart-Requiem bildet eine Kirche zwar den idealen Rahmen, aber Mozart macht auch jeden anderen Raum andächtig. Anders gesagt, die Kirche allein macht auch die Predigt noch nicht zum Ereignis. Jesus Christus ist im Stall geboren und hat meist im Freien – auf dem Feld oder auf dem Berg – gepredigt. Er hatte nur das Wort, weder den schönen Raum noch die gute Akustik. Die Konzentration, die Besinnung und die Beschränkung auf das Wort Gottes lag auch Luther am Herzen, und er benutzte die Kirche – besonders diese Kirche – als große Bühne für die Erneuerung des Glaubens, zur Reformation.

Wie weit kann und soll man auf dieser Bühne – pardon, in diesem Altarraum – gehen? Sowohl im Musikalischen als auch im Verbalen sollte es respektvoll, geschmackvoll und einfach nur gut sein; uneitel und von schlichter Größe, den Menschen zugewandt und gekonnt, wäre gut. Fröhlich wäre wünschenswert.

Ein ganz und gar nicht frommes, aber kluges Chanson wäre mir lieber als ein ungelenk daherkommendes, scheinbar modern klingendes, nigelnagelneues, pseudojugendliches Kirchenlied, das in der Form dem Oktoberklub entliehen scheint, auch wenn der liebe Gott noch so oft darin vorkommt. Wenn volkstümliche Sänger, die mit ihren Programmen die Stadthallen nicht mehr füllen, mit seichten Liedern die Kirche für sich entdecken – dann finde ich das zumindest fragwürdig. Ein Jegliches hat nicht nur seine Zeit, sondern auch seinen Ort.

In der Oper und im Schauspiel gibt es viele Szenen, die in Kirchen spielen. Für Frömmigkeit steht der Ort sowieso, aber oft auch für Liebe, Güte, Freiheit, Widerstand und Mut. Der Großinquisitor in Schillers *Don Carlos* allerdings steht für Irrtümer und gnadenlose Fehlleistungen. Weitere diesbezügliche Beispiele erspare ich mir und Ihnen.

Ein ganz praktischer Hinweis als Sänger: Wenn der Pfarrer oder die Pastorin nicht singen kann, sollten sie es lassen. Es gibt ja auch Intendanten, die nicht inszenieren, obwohl sie es auch nicht können. Also, wenn der Pfarrer nicht singen kann, muss es in den Kirchenritualen doch eine Gesetzeslücke geben, um ihm und vor allem der Gemeinde das zu ersparen. Notfalls könnte man ja auch wieder mal etwas reformieren. Kirche und Bühne.

Um das Bühnenbild dieser Kirche beneidet uns jedes Staats- und Hoftheater, die Scala in Mailand und die MET in New York: Ein Altarbild von Lucas Cranach – Das ham die nicht! Mir ham's!

Wie gut, dass man damals einen frommen Menschen fand, der dieses Bühnenbild malte. Es war auch gut, dass sie einen genommen haben, der obendrein noch gut malen konnte! Also: Fest im Glauben, locker in der Stimme (nicht umgekehrt), klar im Verstand, beseelt und immer wieder üben, überdenken und überhaupt … Sonst wird's nüscht. Das ist auf jeder Bühne dasselbe. Selbst im Bundestag. Allerdings, wenn Kirche Bühne ist, dann ist Kirche auch ein bisschen Theater. Und gutes Theater kümmert sich um die Abonnenten, neues Publikum, abwechslungsreiches Programm, musikalische Höhepunkte, offene Gespräche. Denn Theater muss sein, und Kirche muss sein! Und langweilen dürfen sie beide nicht.

Ich wünsche mir für uns und unsere Kirche: Glaube, Liebe, Hoffnung und – ein wenig Humor.

23

MIT »BÜNDNIS 98/DIE BLAUEN« AUF DER GRÜNEN INSEL

Lough Upper Mask liegt wie ein Gänseteich im Tal und man fragt sich, warum die Schafe nicht 'ne Runde rausschwimmen. Bei den Kühen fragt man sich das nicht, denn die wissen wahrscheinlich selbst, dass die Erdanziehung eine verheerende Wirkung auf sie hat. Vielleicht ist es ihnen aber auch nur zu kalt. Ich geh auch nicht rein, aber immerhin spiele ich mit dem Gedanken. Von anderen Rindviechern und Schafen kann man das nicht verlangen.

Mit sechs Freunden verbringe ich ein paar Tage im späten September in dieser göttlich-gottverlassenen Gegend, in der Ruhe das Grundgeräusch ist. Wenn ich am Tisch vor dem Haus sitze, fühle ich mich als Teil eines grandiosen Panoramabildes, auf dem ich nicht weiter störe. Heute macht jeder seins. Unverabredet geht ein jeder seiner Wege.

Micha, unser Jüngster, geht in die Berge, er will auch sonst hoch hinaus. Vorher zerreißt er die irische Stille mit Exerzitien auf seiner Posaune. Für seinen bergsteigerischen Ehrgeiz sind die knapp 800 Meter hohen Berge im Westen Irlands viel zu niedrig. Eigentlich müsste er nach Tibet fahren. Das ist aber mit uns alten Knaben nicht mehr zu machen. Die Gipfel hier sind für ihn bestenfalls ein Basislager, und er erklimmt er sie so rasch, dass er sich oben wahrscheinlich fragt, was er nun mit dem Rest des Vormittags anfangen soll. Er kommt runter und übt wieder Posaune. Zwischen den Etüden schwärmt er vom Panorama. Er schwärmt so bildhaft, dass ich mir den Aufstieg erspare.

Ich gehe runter zum Lough Upper Mask und laufe weiter bis zum Cottage Ben Corragh oberhalb vom Lough Naffoey, das ich viele Jahre mit meiner Frau und Freunden gemietet hatte. Es ist klein und gemütlich, hat eine große überglaste Terrasse und einen schlecht ziehenden Kamin, sodass das ganze Haus immer wie gut getorfter Whiskey riecht. Auf der Terrasse, von der aus man bei normalem irischen Wetter die Wolken wie im Zeitraffer ziehen sieht, fing ich vor Jahren an zu schreiben. Ich bin immer noch ein Anfänger, aber es macht immer noch Spaß. Wenn ich damals Irish Coffee beim Schreiben trank, war das eine wunderbare Formulierungshilfe, die allerdings dem nüchtern-kritischen Blick des nächsten Morgens selten standhielt. Aufs Schreiben muss man sich eben genauso konzentrieren wie aufs Irish-Coffee-Trinken. Beides braucht den ganzen Kerl. Da ich das Getränk vornehmlich in Irland verinnerliche, möchte ich hier das Rezept ebenso genüsslich veröffentlichen, denn geteilte Freude ist doppelte Freude:

In ein angewärmtes Glas einen Teelöffel Zucker hineingeben. (ich weiß nicht, warum selbst beim Irish Coffee der benötigte Löffel »Tee«-Löffel heißen muss!?) Mit frisch gebrühtem Kaffee wird das Glas circa zu 4/5 gefüllt.

Das ist ein unverbindlicher Vorschlag, denn die Whiskeymenge möchte ich niemandem vorschreiben.

Machen Sie's, wie Sie wollen, können und für richtig halten.

Nehmen wir mal an, Sie haben das Glas mit 2/3 Kaffee gefüllt, kommt nun die gewünschte Menge Whiskey hinzu.

Nicht irgendeiner, es sollte schon ein 16-jähriger irischer sein.

Die Sahne haben Sie bitte vorher schon halbsteif geschlagen und in den Kühlschrank gestellt.

Jetzt holen Sie die Sahne aus dem Kühlschrank und gießen sie über den umgedrehten »Teelöffel« ins Glas.

Randvoll.

Nicht umrühren!

Beim Trinken nicht trödeln, denn die Sahne muss kalt und das eigentliche Getränk sollte noch heiß sein.

Sich vom Kalten ins Heiße zu schlürfen, ist eine sinnliche Freude. Sláinte!

Im kleinen Dörfchen Finney trinke ich im schlichten Irish Pub einen Irish Whiskey. Vielleicht warn's auch zwei, denn das Rezept allein lässt noch keine Freude aufkommen. Mit Irish Whiskey im Leib und allerlei Erinnerungen im Kopf trete ich den Rückweg an. Die Schafe gucken komisch.

Schafe eben.

Dass der Rückweg ziemlich steil nach oben geht, hätte ich mir beim Hinweg denken können, aber ich nahm ihn leichter als gedacht. Die Kühe guckten mich vorwurfsvoll an, als hätte ich versprochen, ihnen vom Irish Coffee etwas mitzubringen.

Rindviecher eben.

Alle kommen so langsam von ihren individuellen Spaziergängen zurück. Nur Orje war im Haus verblieben und reparierte ziemlich erfolglos seinen Zerrwanst, bei dem ein Spielknopf im Gehäuse verschwunden war. Er bekam ihn zwar raus, beim erneuten Spielen drückte er ihn aber wieder rein. Er piepelte ihn aufwendig wieder raus, und so begann das Spiel immer wieder von vorn. Irgendwann legte er resigniert das lädierte Instrument beiseite, nahm die Gitarre und spielte traurige jiddische Lieder. Micha kam hinzu und begleitete ihn sacht auf der Posaune. Es klang so schön, dass Rainer aufhörte, das Suppengrün zu schälen, Stephan legte sein gescheites Buch beiseite, ich unterbrach mein Schreiben. Der Irish Whiskey dampfte vor sich hin, und Uwe saß ohnehin schon in der Stube bei Orje.

Uwe war einst Studienfreund von Orje. Danach sang er einige Jahre am Theater, um dann der pädagogischen Veranlagung mehr nachzugeben und Lehrer zu werden. Das Künstlerische behielt er dennoch im Auge, und so kann man mit ihm trefflich über beide Gesichtspunkte streiten. Der pädagogische Zeigefinger ist allerdings erkennbarer als das künstlerische Handgelenk. Sympathisch ist er allemal. Irgendwann blus Micha einen Blues, ich nahm Orjes Gitarre und befleißigte mich eines erträglichen Englischs, denn immerhin saßen wir in Irland und draußen lauschten irische Kühe und Schafe. Den irischen Whiskey tranken wir nun ohne Kaffee, was der englischen Sprachhemmungslosigkeit durchaus dienlich war. Der Text spielt beim Blues ohnehin keine dominierende Rolle. Das klang dann ungefähr so:

The Whiskey is good,
The moment is cool,
The men are dreaming
From girls in a pool. – Yeah.
oder so ähnlich.

Am Abend servierte uns Rainer einen groß angekündigten, aber ziemlich misslungenen Irish Stew, der aber immer noch besser schmeckte als der im Pub vor drei Tagen. Zu Rainer sagten wir, der schmeckt besser als der im Pub vor drei Tagen. Er freute sich. Und so nahm auch dieser Tag einen harmonischen Ausklang.

Acht Tage Irland, Ende September, nur Sonne, kein Regen, kein Wind und den Linksverkehr ohne Blechschaden gemeistert – das muss man aufschreiben. Von Micha, dem Posaunisten, einmal abgesehen, sind wir alle Männer um die 70 und drüber. Unsere Wandergruppe tendiert gelegentlich zur Sitzgruppe, aber Irland ist zu schön, um nur vorm Kamin zu sitzen.

Im Örtchen Cong gibt es eine tausendjährige Klosterruine, und der Wald hinter Cong könnte auch der Wald von King Kong sein, denn er hat eine durchaus tropische Vegetation. Richtung Lough Corrib steht an dessen Ufer auf einer Lichtung das wohl romantischste und nobelste Hotel der Welt: Ashford Castle. Bill Clinton schlief und Pierce Brosnan heiratete hier. Auf dem Gelände von Ashford Castle gibt es zwei Hubschrauberlandeplätze, den unvermeidlichen Golfplatz und eine Falknerei. Der fantasievoll gepflegte Park beginnt zwischen Ashford Castle und Lough Corrib und öffnet sich dann scheinbar endlos in die Landschaft.

Auf einer Insel im Lough Corrib hatte vor 1.500 Jahren der Heilige Patrick seine kleine Urkirche, die als Ruine zu bewundern ist, und in Cong drehte einst John Wayne den Filmklassiker *The Quiet Man*. Beim Butcher Ryan einzukaufen ist eine Lust. In den Pubs und anderen Gaststätten Irlands fragt man sich nur immer wieder, wie aus solch wunderbaren Zutaten ein so wenig schmackhaftes Essen gemacht werden kann. Die jahrhundertelange Vorherrschaft der Briten könnte eine Erklärung sein.

Rainer hat unsere Reise tadellos organisiert. Beim Kochen hatte er nicht sein bestes Jahr. Aber er riss es an sich, als wären wir zu blöde, um auch nur Rührei zu rühren oder Wasser zu kochen. Über die Jahre ist ihm schon so manch gute Mahlzeit gelungen. 2015 im irischen Mayo ging alles schief. Die Steaks waren wie Leder, das dazugehörige Gemüse schmeckte nach gar nichts. Die Kartoffeln, aus denen er Bratkartoffeln machen wollte, waren schon Mus, bevor er sie hätte in Scheiben schneiden können. Vom Irish Stew berichtete ich schon. Beim Rindslendenbraten war das Desaster vollendet. Das trockene Fleisch hat er aus dem Topf genommen und in trockene Scheiben geschnitten. Den durch allerlei Zutaten angereicherten Soßensud hat er auf den Herd gestellt, um nach einer gemeinsamen Schiffsfahrt im Fjord Killary bis raus auf den Atlantik das Werk zu vollenden. Nach der Rückfahrt haben wir im Hafen noch ein paar frische Austern geschlürft. Die waren sehr gut, aber ich finde Austern generell überschätzt. Dann ging's in unserem Van zurück zum Cottage. Der Parkplatz ist einige Meter vom Haus entfernt, und ich sagte beim Aussteigen zu Rainer: »Es riecht hier, als würde eine Kuh brennen.« Rainer lachte und sagte, dass hier in der Nähe sicherlich jemand grillt, oder ein Herbstfeuer würde brennen. Je näher wir unserer

Behausung kamen, desto mehr wurde deutlich, dass da vermutlich einer bei uns im Cottage grillte, oder ein Herbstfeuer würde dort brennen. Vielleicht auch beides. Angstvoll öffnete ich die Tür, und die uns entgegenkommende Qualmwolke entlud sich ins Freie. Hustend und nach Luft ringend stürzten wir in die Küche. Die Herdplatte und der Topf glühten, und der Soßensud sah aus wie das Haupthaar eines stark gealterten Schafes. Rainer nahm flugs zwei Küchentücher und setzte den Topf auf die steinerne Anrichte neben dem Herd. Dabei verbrannte er sich beide Daumen, und der Qualm wurde noch stärker, vor allem strenger, auch deshalb, weil die vermeintlich steinerne Anrichte aus Plaste war und der Topf sich geradezu hineinbrannte. Zu allem Überfluss wollten in einer halben Stunde unsere irischen Freunde zum Abendessen kommen.

Orje, den das Ganze nicht im Geringsten interessierte, machte sich wieder am lädierten Knopf seines Zerrwanstes zu schaffen, ging seelenruhig mit dem Instrument zum Herd, verlor dabei den Spielknopf auf Nimmerwiedersehen und sagte, als er das trockene Fleisch in der Schüssel sah: »Was wollt ihr denn, das Fleisch ist doch noch da.«

Als Gastmahl für unsere irischen Freunde hatten wir also pudertrockenes Fleisch und aus Kartoffelmus erstellte Bratkartoffeln – ohne Soße. Unmittelbar vor unseren Freunden kam auch noch die Hausbesitzerin, roch und sah die Bescherung und stellte uns eine gesalzene und gepfefferte Rechnung in Aussicht. Das tat sie lächelnd, denn Iren verlieren offenbar selbst in solchen Situationen nicht ihre Freundlichkeit.

Dann kamen die Freunde, mit denen wir bei geöffneten Fenstern vor dem Haus lange sprachen, und Ann sagte: »Hier riecht es, als würde eine Kuh brennen.« Wir erzählten, was passiert war. Micha und ich spielten anschließend »Strutt'in with some Barbecue«, was unsere irischen Freunde lustiger fanden als Uwe, Orje und Stephan. Von Rainer ganz zu schweigen. Irgendwann gingen wir ins Haus, und der Abend nahm einen zunehmend fröhlichen Verlauf. Wir erzählten uns Geschichten aus Zeiten, in denen wir nichts anbrennen ließen. Im Cottage riecht es wahrscheinlich heute noch so, als hätte dort mal eine Kuh gebrannt. Am nächsten Abend aßen wir Obst. Nur Obst. Da kann man nicht viel falsch machen.

Ein immer wiederkehrendes Ritual bei jeder Irlandreise ist eine Fahrt nach Clifden. Hinter Clifden werden die Straßen immer schmaler, die Häuser immer verwunschener und einsamer. Sie enden erst auf dem letzten Hügel vor dem Meer. Pferde gehören zu dieser Gegend so, als seien die Menschen erst später dazugekommen. Bei Ebbe kann man auf dem dann wasserlosen Meeresgrund dem Meer hinterherlaufen. Man läuft durch nassen Sand zwischen algenbehangenen und muschelbeschmückten Steinen wie Neptun beim Landgang.

Vor der Rückfahrt zum Lough Upper Mask in einem der einfachen gemütlichen und gemütlich einfachen Restaurants in Clifden einen Tee trinken ist ebenso ein Muss wie der abermals vergebliche Versuch, einen irischen Pullover in meiner Größe zu bekommen.

Am Abend greift Stephan mal nicht zum gescheiten Buch, sondern beteiligt sich an unserer belanglosen Unterhaltung. Er ist Forensiker, und so wie wir am Nachmittag auf dem Grunde des Meeres waren, ist er beruflich auf dem Grunde des Lebens unterwegs. Es ist spannend, tragisch, aber manchmal sogar lustig, ihm zuzuhören, wenn er von einer Welt und von Menschen spricht, die wir nicht kennen.

Eine der Geschichten, die er erzählte, handelt in tiefen DDR-Zeiten, irgendwo auf dem flachen Lande im Brandenburgischen und von einem Mann mit geistigen Defiziten und kaum gewinnendem Äußeren. Dieser Mann hieß Fidelio F. und war der flüssigen Rede nicht mächtig. Mit anderen Worten: Er stotterte gewaltig. Vernehmungen solcher Personen durch Kriminalbeamte wie auch Befragungen durch Psychiater, sind naturgemäß langwierig und für alle Beteiligten sehr anstrengend. Es ist dann durchaus üblich, dass man den Sachverhalt vorgibt, und der Proband antwortet dann mit einem mühsam hervorgebrachten »J---, j---, j--a« oder »N---, n---, n--ein«. Im Protokoll entsteht der Eindruck, dass er in zusammenhängenden Sätzen gesprochen hat.

Der 30-jährige Fidelio F. litt nicht nur unter seiner Sprechhemmung, sondern auch unter der Tatsache, dass er keine Freundin fand, wobei er maßgeblich von seiner Mutter, bei der er immer noch wohnte, bedrängt wurde, endlich mal »Nägel mit Köpfen« zu machen. Eigene Kontaktanbahnungen, wenn er wiederholt zu später Stunde mit seinem Hirschfänger im Gürtel und in Begleitung seines Schäferhundes um das nahe liegende Schwesternwohnheim strich, erwiesen sich im Sinne seiner Zielstellung als eher untauglich, N--- N--- N--- N--ägel m--- m--- m--- m--it Köpfen zu machen.

In einer Metallbude arbeitete er als Hilfsarbeiter, und seine »hilfreichen« Kollegen rieten ihm, sein Glück doch auf der Reeperbahn in Hamburg zu versuchen. Und so setzte sich unser Fidelio wiederholt in Interzonenzüge, wurde jeweils vor der Grenze aus der Toilette geholt und nach langwieriger Vernehmung nach Hause geschickt. Der ABV wurde benachrichtigt, ebenso alle anderen relevanten Einrichtungen. Er ließ aber nicht locker.

Einmal wurde er sogar beim Versuch erwischt, am Checkpoint Charly in den Kofferraum eines Pkw mit westdeutscher Autonummer zu gelangen. Auf den Grund für sein Verhalten angesprochen, antwortete er mit den bekannten Sprachschwierigkeiten: »Na---, na---, na--ch Sankt P---, P---, P--auli will ich.« Diese Situation empfand der Wachhabende an der Grenze der Deutschen Demokratischen Republik als noch weniger normal als den Geisteszustand des so Erwischten, und folglich landete Fidelio wieder am Ausgangspunkt in der Heimatregion. Diesmal allerdings auf der Polizeidienststelle. Der dortige Vernehmer stellte zwischen den psychosexuell motivierten Fluchtversuchen des jungen Mannes und unerledigten Sexualstrafen des Reviers vermeintlich logische Zusammenhänge her. Dabei ging es um (psychodynamisch völlig unterschiedliche) Geschehnisse wie Exhibitionismus, nacktes Laufen von A nach B (sogenanntes Flitzen) und auch eine angezeigte Vergewaltigung.

Nun schlug die große Stunde des Fidelio F.:

Ihm, der in seinem bisherigen Leben noch nie eine sexuelle Beziehung oder auch nur eine Annäherung zustande gebracht hatte, wurden dahin gehend alle möglichen »Heldentaten« zugetraut. Er räumte also sämtliche Tatvorwürfe ein, bestätigte die blumigen Vorhaltungen des Vernehmungsbeamten mit eifrigem Nicken. Auf dieser Grundlage entstand ein völlig irreführendes Vernehmungsprotokoll, das die Befragung durch den Psychiater zwingend erforderlich machte. Daraus ergab sich nun folgender Dialog:

Frage: »Stimmt es, dass Sie der jungen Frau mit dem Fahrrad durch die Felder hinterher gefahren sind?«

Fidelio: »Da---, da---, das ist richtig!«

Frage: »Dann heißt es weiter, sie hätten diese auf eine Schonung am Wald abgedrängt?«

Fidelio: »Da---, da---, das ist ko---, ko---, ko--rrekt!«

Frage: »Und dort hätten Sie diese auch vergewaltigt?«

Fidelio: »N---, n---, nu klar, ve---, ve---, ve--rgewaltigt!«

Frage: »Dann steht aber hier weiter, dass Sie anschließend, um eine Verfolgung zu verhindern, die Ventile aus dem Fahrrad der Frau geschraubt und in den Wald geworfen hätten?«

Daraufhin reagierte Fidelio jedoch empört: »N---, n---. nö, da--, da---, das la---, la---, lass ich mir nicht anhängen!«-

Durch weitere Befragungen wurde deutlich, dass er völlig unschuldig war. Ob das bei ihm eine Enttäuschung ausgelöst hat, ist allerdings nicht überliefert. Jeder erzählte nach dieser Geschichte eigene Erlebnisse von missglückten Rendezvous, die nur mit dem Abstand der Jahre heiter sind.

Am nächsten Tag ging es auf die Heimreise nach Deutschland. Gegen Abend landeten wir in Frankfurt, und dort hat uns Gertrud, Rainers Frau, mit einem mehrgängigen Menü empfangen: Die Vorsuppe war grandios, das Fleisch vom Hauptgang saftig, die Soße französisch und die Bratkartoffeln knusprig. Die Nachspeise ein Traum aus Obst und Eis. Der Rotwein ein Grand Crue, von Rothschild's Gnaden. Irland ist eine Augenweide, und Frankfurt war eine Gaumenfreude. Der Irish Coffee schmeckt natürlich in Irland am besten, ebenso wie der Caipirinha am Amazonas und die Eierschecke in Dresden.

24

NIMMER MEER

Meine Frau hatte irgendwann keine Lust mehr, ans Meer zu fahren. Wahrscheinlich war es ihr noch nie eine große Freude. Den Kindern zuliebe fuhr sie früher mit und wusste es perfekt zu verbergen, dass sie unsere Küstenfreuden nicht teilte. Sie planscht nicht gern im Meer. An einem verregneten Sommertag in Ahrenshoop wird sie brauner als ich in drei Wochen am Äquator. Volleyball, Boccia, Frisbeescheibenwerfen und Seeigelsammeln sind nicht ihr Ding. Meine Lieder zur Gitarre kennt sie alle, und an Grillabenden nimmt sie zwar teil, mag aber nichts Gegrilltes. Die gastronomischen Preise sind ihr zuweilen zu astronomisch, und dass Egon Krenz auf dem Darß siedelt, verschafft ihr körperliches Unbehagen. Mir geht Egon Krenz überall am Arsch vorbei – auch auf dem Darsch. Auch Salzwasser findet meine Frau eklig. Sie geht auch sonst mit Salz sehr sparsam um.

Andere Frauen gehen mit ihren Männern zum Fußball, obwohl sie sich für Fußball überhaupt nicht interessieren. Diese Fußballgattinnen ziehen das durch bis ans Ende ihrer oder seiner Tage. Meine Frau fuhr irgendwann nicht mehr mit an die Küste. Nimmer Meer – eigentlich seit die Kinder aus dem Haus sind. Meine Liebe zum Meer ist ungebrochen, und so fahre ich jedes Jahr mindestens für ein paar Tage allein nach Ahrenshoop. Die Kinder besuchen mich manchmal, wenn ich allein hinter der Düne am vertrauten Ort auf schönes Wetter warte oder mich vor der Düne dessen erfreue. Meine Tochter spielt sicher auch schon mit dem Gedanken – wenn ihre drei Töchter groß sind – nicht mehr ans Meer zu fahren. Nur Kinder und Väter haben an dieser Kombination von Sandkasten und Badewanne ihre andauernde Freude. Mütter eher nicht.

Da sitze ich nun im »Haus am Meer«, dessen Name relativ sinnlos ist, da ja hier oben alle Häuser am Meer stehen. Zur mecklenburgischen Ehrenrettung muss man hier sagen, dass es auch im waldreichen Mittelgebirge das »Haus am Wald« gibt. Dass im Freudenhaus manchmal Tränen fließen, ist ein ander Ding. Allein im »Haus am Meer« – das Wetter ist kälter als mein geliebtes Mecklenburger Sauerfleisch, andere blasse Sachsen stochern lustlos in ihrem Mecklenburger Rippenbraten rum.

Die Zeit plätschert vor sich hin wie an windstillen Tagen das Meer. Wäre ein Freund da, würde ich reden oder zuhören, vielleicht aber auch vertraut schweigen – so schreibe ich. Der Kugelschreiber ist viel zu hart, aber selbst der passt ins Bild. In der Ferienwohnung hinter der Düne habe ich mich gemütlich und jederzeit besuchsbereit eingerichtet. Mit Noten, unerledigter Post und Büchern vermittle ich mir unbändigen Arbeitswillen.

Übers Jahr vergisst man die hilflose Einsamkeit solcher trüben Tage. Kinder trotzen schlechtem Wetter viel Schönes ab. Erwachsene sind da eher einfallslos. Und so erwecken Erinnerungen an den Trubel früherer Jahre unerfüllbare Erwartungen. Dennoch: Ich habe auch Weihnachten nicht abgeschafft, als der Weihnachtsmann nicht mehr kam. Der Obstteller würde für eine achtköpfige Vegetarierfamilie reichen – mehrere Tage. Der Kühlschrank ist so voll, dass ich eine dreiwöchige Blockade zu Land, zu Wasser und aus der Luft ohne Gewichtsverlust überstehen könnte. Der Gemüsevorrat sieht aus wie die Jahresproduktion einer Kleingartensparte, und das Alkoholdepot wäre ausreichend für die Silvesterfeier eines Kegelklubs. Ich brauch das alles nicht, aber man will vorbereitet sein! Nur, worauf? Und auf wen?

Hin und wieder kommt Besuch: Kollegen, Exkollegen, Freunde, Exfreundc. Sie essen kaum – und das, was sie trinken, haben sie bei sich: Wasser! Auch meine Kinder und Enkel essen wenig und trinken Wasser. Freunde, die hier oben ein Haus am Meer haben, freuen sich auf meinen Besuch. Ich solle möglichst nichts mitbringen – sie hätten alles da. Ein Skat mit Einheimischen findet nicht bei mir, sondern im edlen Restaurant »Namenlos« statt. Roland, der Wirt, hat auch alles da, ähnlich wie ich. Meine Vorräte schrumpfen kaum. Ich aber auch nicht.

Zurück zur Vergangenheit: Alle Bilder des gelebten Lebens stehen griffbereit im Regal der Erinnerung. Urlaubsbilder werden meist geklebt, aber sie haften auch so im Gedächtnis. Die Unwiederbringlichkeit der einzigartigen Momente ist schwer zu begreifen, eine kitschige Gefühlsduselei kaum zu verhindern. Beim Schreiben kann man sie beenden. Also Schluss damit.

Ein wunderschöner sonniger Tag mit leichter Brise. Freund Christian segelt mit mir über den Saaler Bodden. Er hat schon 1987/88 private Schiffsreisen mit der »Weißen Flotte« von Dresden elbaufwärts bis nach Pillnitz organisiert. Die Passagiere waren damals Gaukler, Maler, Musiker und andere unangepasste Lebenskünstler. Seiner Initiative war es zu danken, dass wir schon Ende der 80er-Jahre Fahrten mit italienischen, französischen und spanischen Momenten erleben durften. Es wurde gemalt, gesungen und Theater gespielt, Opern wurden aufgeführt und unbotmäßige Sprüche geklopft. Die zwischenmenschlichen Maßeinheiten waren die homosexu-Elle und die heterosexu-Elle. Lesben lästerten über das Politbüro, und nur die blinden Passagiere von der Stasi hatten keine sinnliche Dampferfahrt. Christian, ein bunter Vogel aus der »Bunten Stube« in Ahrenshoop, hatte seinen Artgenossen ein paar schöne Stunden im Käfig DDR organisiert.

Nun sitzen wir in seinem kleinen Boot und halten Kurs auf den winzigen Hafen an der Kunstscheune bei Wustrow. Es ist der kleinste, ruhigste und idyllischste Hafen der Welt. Wenn dort schon ein Schiff läge, hätten wir weiterfahren müssen.

Bei der Kunstscheune und ihrem Areal hat man den Eindruck, alles wäre immer und ursprünglich da gewesen. Es ist schön so zwischen Kunst und Natur, und Christian ist sowieso ein angenehmer Begleiter, besser gesagt, Mitnehmer. Am Abend sitzen wir auf der Terrasse des »Namenlos« und schauen über die kleine Hecke aufs endlose Meer. Christian hat drei kleine Flaschen mit edlen Whisky-Proben von zu Hause mitgebracht und auf den Tisch gestellt, was in gastronomischen Einrichtungen nicht gern gesehen ist. Im »Namenlos« isses anders.

Der Wirt setzte sich gar zu uns und nahm an der internen Verkostung teil. Wenig später wollte er die edlen Tropfen überbieten und gab uns Kostproben aus seiner Schatzkammer. Wir reagierten aber nicht sofort gänzlich überwältigt, was den gewollten Effekt hatte, dass der Wirt nun die allerbesten Sorten aus dem Keller bringen ließ. Es waren die edelsten Getränke, die ich ohne finanziellen Aufwand und in guter Gesellschaft je trank. Das Wetter war paradiesisch, und man hatte den Eindruck, die Sonne schien bis gegen Mitternacht. Die Mücken waren schlafen gegangen und auch das Meer ruhte still vor der Halbinsel. Wenn die Zutaten stimmen, kann man auch in Deutschland italienische Abende mit einem Schuss Schottland genießen. Wir haben die mecklenburgischen Kühe fliegen lassen – da bleibt die Melancholie auf der Strecke.

Der alte Spruch: »Wie der Abend sich neigt, so der Morgen sich zeigt« ist oft ein meteorologischer Trugschluss. Und so sitze ich am nächsten Tag unter dem Sonnenschirm, der mich vor dem Regen schützt, wieder allein hinter der Düne.

Ich bin gedanklich wieder mal im Damals, als die Kinder noch klein waren. Ich kriege die Bilder nicht aus dem Kopf. Das Lachen und Weinen der Kinder, die vielen Freunde, unsere lauten und leisen Gespräche, die urlaubsbegrenzte Vielfalt einer Großfamilie, die so nichts vom Idealbild eines Kollektivs hatte. Wir waren jung, und die DDR ging uns am Arsch vorbei, wie jetzt mir Egon Krenz. Dieses Jahr besuchen mich die Kinder nicht. Meine Tochter ist mit ihrer Familie und mit Freunden im Ausland. Da, wo wir früher nur mit dem Finger auf der Landkarte hinfahren durften. Wir telefonieren, und ich spüre die Heiterkeit und Leichtigkeit, das Unbekümmerte. Das ist dem Alter zu danken. Ich freue mich mit ihnen und über sie und bekomme dennoch die Melancholie nicht aus der Rübe.

Goethe war bescheidener, er wollte bloß, dass der Augenblick verweilt. Ich möchte eine ganze Zeit noch mal erleben und weiß doch, wie töricht das ist. Ja, ja, ich weiß, ein Jegliches hat seine Zeit … Du liebe Zeit …

Ingrid ist angereist. Vor wenigen Jahren ist Wolfgang, ihr Mann und Freund und unser alter Freund, gestorben. Sie hat jetzt neue Knie und ein neues Hüftgelenk und geht an Krücken. Den Krebs hat sie besiegt, die Krücken werden sie noch eine Weile begleiten. Sie residiert noch immer im »Haus am Meer«, wo sie viele Jahre auf der großen Terrasse mit gut gekühltem Sekt Hof hielt. Frühestens bis Mittag, manchmal auch durchgängig. Ihr lautes Lachen und ihren nicht immer begründeten Optimismus hat sie sich erhalten, aber es steckt nicht mehr so an. Sie hat nach wie vor Pläne, und man möchte ihren Tatendrang nicht infrage stellen.

Mein lebenslustiger Wirt Udo, der vor ’89 einen Daimler aus fünfter Hand hatte, hat jetzt einen Mercedes aus erster Hand. Er kann ihn aber nicht mehr fahren. Udo hat Alzheimer. Er geht nach wie vor fröhlich durchs Haus und übers Grundstück und vermittelt emsige Geschäftigkeit – wie früher. Er recht irgendetwas im Garten, wo’s nichts zu rechen gibt, er wischt, wo’s nichts zu wischen gibt. Er grüßt freundlich alle Leute, ohne zu wissen, wen er da grüßt. Bei dieser Krankheit leiden die Angehörigen mehr als die Kranken. Da, wo er nichts mehr versteht, hat seine liebe Frau größtes Verständnis und trägt ihn durch den immer dunkler werdenden

Weg. Sie nimmt ihn mit zu meinem Konzert in der Wustrower Kirche. Beim Auftritt treffen sich unsere Blicke, und er lächelt. Er war früher selber Musiker – vielleicht erinnert er sich.

Am nächsten Tag lockt mich die Sonne vor die Düne. Michael und sein Sohn sind angereist. Seine Frau fährt auch nicht mehr mit. Wir spielen Boccia am Strand. Ich glaube, wir haben über die Jahre mehr Boccia gespielt, als dass wir ins Wasser gegangen sind. Es ist beschwerlicher geworden. Die Kugeln haben ihr Gewicht, und nach jedem Spiel viermal bücken – das ist leichter geschrieben als getan. Eine junge Sängerin, die zum Tross von Christian gehörte, sah das Dilemma und schenkte mir mit einem gütigen Enkellächeln einen Magneten mit einem 1,50 Meter langen Strick dran. Jetzt bekomme ich die Kugeln zu mir hoch, ohne mich bücken zu müssen. Ich habe mich mit einem großväterlichen Lächeln und einem leichten Diener bedankt, obwohl es eigentlich eine Unverschämtheit war.

Mein Kardiologe hat gesagt, ich soll nicht so weit hinausschwimmen. Der Hinweis war unnötig, ich schwimme seit Jahrzehnten nur so weit hinaus, wie ich zu DDR-Zeiten durfte. Die Macht der Gewohnheit.

Udo hat mittlerweile seine letzte Reise angetreten. Zu früh, aber im Mercedes. Das zumindest war angemessen.

Eine junge hübsche Pianistin spricht mich in der Kaufhalle an und fragt, ob wir nicht was zusammen machen wollen. Ihre Intentionen sind rein musikalisch. Wir machen was zusammen. Ein Konzert in Dierhagen, eins in Ahrenshoop. Wir sind neugierig aufeinander, und es entsteht etwas. Mozart inspiriert uns besonders, aber auch Haydn und Komponisten zeitgenössischer Musik. Es ist eine gute Mischung: Der Alte und das Neue. Die Neue und das Alte. Wir werden mal wieder was zusammen machen.

Am Sonntag gibt es in der Strandhalle ein Klavierkonzert mit dem Dresdner Pianisten Peter Rösel. Am Sonnabend treff ich ihn und sage, dass ich mich auf das Konzert freue. Er sagt: »Gehen Sie nicht hin, ich spiele nur trauriges Zeug.« Ich gehe trotzdem. Es war sehr traurig, aber auch sehr schön.

25

REHA IM ADVENT

Bis auf die Tatsache, dass das Neujahrsspringen der Vierschanzentournee in Garmisch-Partenkirchen wieder ein Österreicher gewonnen hat, ging das Jahr 2014 gut los. Neujahrskonzerte in Deutschland, Spanien und Italien verliehen dem Jahr Schwung, Lebensfreude und Anlauf für weite Sprünge. Auch der SemperOpernball rollte, und ich sah den kommenden vier Jahreszeiten mit Zuversicht entgegen. Nur Horst Lichter hatte »… so was Schönes wie die Semperoper …« im Osten nicht vermutet. Das sagte er zu Beginn seiner Laudatio für Thomas Gottschalk, und man möchte ihm ins Kochbuch schreiben: Diese weltberühmte Oper gab es lange vor der Erfindung des Fernsehens – von Kochsendungen ganz zu schweigen. Ein Blick in einen Reiseführer wäre da hilfreich gewesen. So was muss es doch in Köln geben. Schwamm drüber. Ein Koch muss noch lange nichts von der Oper wissen, nur weil Rossini gern kochte.

Beim anschließenden Winterurlaub in Südtirol habe ich mir eine Rippe angebrochen. Die Piste nahm keinen Schaden. Ansonsten verlief das Jahr 2014 arbeitsreich, erfolgreich und weitestgehend konfliktarm – na ja, nicht ganz … Nach 35 Ehejahren haben Anne und ich eine Auszeit genommen. Ob es ein Aus für eine Zeit ist, oder ein Aus für alle Zeit, wissen wir noch nicht. Auf jeden Fall gehen wir respektvoll und verantwortungsvoll miteinander um. Die 35 Jahre und unsere Patchwork-Familie verbinden uns sowieso auf ewig.

Ein Tischtennisturnier im heißen Frühjahr, das mein Sohn Johannes und seine Freunde organisiert hatten, um mir endlich einmal meine altersgerechten Grenzen aufzuzeigen, habe ich gewonnen. Ich bin eben nach wie vor der Beste unter denen, die's nicht können. Meine größte Stärke ist meine

Reichweite und dass ich die Schwächen des Gegners schnell erkenne. Mein Körper gab mir untrügliche Zeichen, dass ich fürderhin vielleicht nur noch an Skatturnieren teilnehmen sollte. Da ist zwar mit Reichweite nicht viel zu holen, aber mit Können und Glück kann man gesundheitlich unbedenkliche Siege einfahren. Inwieweit der Ärger über schlechte Karten zu Vorhofflimmern führen kann, vermag ich allerdings nicht zu sagen.

Im Sommer wurde Deutschland Fußballweltmeister, und auch ich holte das Letzte aus mir raus. Im Fußball war's die Mannschaft, und ich wollte wissen, was so ein Mann schafft: Mein Terminkalender war randvoll. Ich dachte, solange die Arbeit Freude macht, kann man gar nicht genug davon haben.

Meinen 70. Geburtstag habe ich gefeiert, als stünde den nächsten 70 Jahren nichts im Wege – Tod und Teufel eingeschlossen. Ich kam kaum zum Luftholen. Im übertragenen als auch im wirklichen Sinne. So was plant man nicht, das ergibt sich. Es kommt eins zum anderen. Helene Fischer sang *Atemlos* – und mir war auch so. Die nötige Reparatur am Herzen war spürbar, absehbar und unabwendbar. Die Angst war größer als die Zuversicht. Aber Dresden ist nicht nur eine wunderschöne Stadt, sondern hat auch wunderbare Ärzte. Und nun sitze ich an der Küste, in der Reha im Advent – »Vorfreude, schönste Freude – Reha im Advent.« Es ist ein ehemaliges FDGB-Heim. Der diesbezügliche Charme wohnt dem Gebäude noch immer inne. Als hätte Harry Tisch gerade das Rednerpult verlassen. Das Personal und das medizinische Know-how hat mit dem FDGB nichts mehr zu tun, es entspricht den modernsten Anforderungen. Die Anwendungen über den Tag sind wichtig, nötig und dennoch bisweilen sehr albern. Mit Ringen, Federn, Bällchen, Stöckchen und Tüchern bewerfen wir uns, und physiotherapeutische Atemübungen suggerieren durch merkwürdige Anästhesistenlyrik eine Fahrt auf hoher See. Das klingt dann ungefähr so:

»Das Boot
plätschert vor sich
hin und die
Sonne scheint von oben«

Ja – von wo denn sonst? Seekrank wird man davon nicht, aber wenn du das Atmen zu intensiv betreibst, wird dir am Ende der Lyrik schwindlig.

Der riesige Speisesaal ist desinfiziert bis in den letzten Winkel, und auch das Essen ist keimfrei. Es gibt von allem reichlich, aber davon mache ich wenig Gebrauch. Der mich sonst ein Leben lang begleitende Appetit war mir abhandengekommen. Reha im Advent ist gut für die Linie – das lässt ja sich Weihnachten korrigieren.

Die meisten Mitpatienten haben dem Tod schon mal ins Auge geschaut, und diese Todesangst widerspiegelt auch ihr Blick. Meine Leidensgenossen haben oder hatten alle schlimmen Krankheiten, die man sich vorstellen kann und die man sich nicht vorstellen kann. Rollstühle, Krücken und andere Gehhilfen sind ebensolche unerlässlichen Begleiter wie Zuversicht, Überlebensmut und Gottvertrauen.

Am dritten Advent sitze ich beim Skatturnier am Tisch drei mit einem heiteren Mann zusammen, den der Krebs an drei Organen gleichzeitig plagt. Eine Frau ist unser dritter Mann. Sie ist gebildet, hat einen umwerfenden Mutterwitz und ihre dritte Chemo gerade ziemlich erfolglos hinter sich gebracht. Sie sind beide glänzende Skatspieler, und wir hatten einen schönen und lustigen Abend. Im Turnier teilen wir uns die ersten drei Plätze. Anschließend gehe ich auf mein Zimmer und weine.

Glaube, Liebe, Hoffnung. Es heißt, die Liebe ist die Größte. Aber der Glaube an die Hoffnung stirbt zuletzt. Ich schließe alle in mein Nachtgebet ein, auch mich selbst, denn es ist meine zweite Herzoperation – eine dritte ist eher ausgeschlossen. Zahlreiche Adventskonzerte und eine Weihnachtssendung musste ich absagen, aber viele Mitpatienten freuen sich, mich in der Reha-Klinik kennenzulernen. Wir kommen ins Gespräch, und sie machen Fotos. Mein Verweis, dass ein Adventskonzert ein schönerer Anlass gewesen wäre, sich kennenzulernen, quittieren sie mit einem einverständlichen und gütigen Lächeln. Sie sagen noch, dass wir das im nächsten Jahr nachholen.

Eine vage Verabredung.

26

WAS MICH STÖRT I – EIN SPIEL!

Was manche Sender von ihren Zuschauern halten, wird bei Gewinnspielen deutlich, die im Vorgeplänkel von Sportevents zelebriert werden. Das Niveau der entsprechenden Fragen ist unterirdisch. Das Spiel findet am Mittwoch statt, und eine der Fragen lautet: »Ist heute Dienstag, Mittwoch oder Donnerstag?« Die nächste Frage: »Ist Pelé eine brasilianische Kartoffel, ein brasilianischer Wein oder ein brasilianischer Fußballspieler?« Und drittens: »Wer schoss bei der Fußballweltmeisterschaft 1974 das 1:0-Siegtor der DDR gegen die gastgebende BRD? Hundertwasser, Hochwasser oder Sparwasser?«

Der Kopf darf beim Fußball mitspielen. Vorm Fernseher ist sogar Hand erlaubt – beim Bedienen der Fernbedienung. Zum Spiel kann man ja wieder einschalten. Fußball ist im Stadion am schönsten, Theater im Theater und Frühling im Freien. Wenn ich Zeit habe, gehe ich zum Fußball gern ins Stadion. Die Kommentare der Fans sind weit unterhaltsamer als die Kommentare der Fernsehkommentatoren. Soziale Barrieren, Dünkel und Orden schluckt der Hexenkessel. Hinz und von Kunz sitzen einträchtig beieinander und sind nur von einer Sache beseelt: Ihre Mannschaft möge gewinnen. Gut spielen wäre auch schön, ist aber nicht ganz so wichtig. Beim Heimspiel von Dynamo Dresden gegen die Eintracht aus Frankfurt war viel Zwietracht im Spiel. 2.000 Fans aus Frankfurt begleiteten ihre Mannschaft. Auf dem Platz waren die Fronten klar. Frankfurt war eindeutig besser und gewann verdient mit 4:1. Die Sprechchöre der Frankfurter und der Dresdner Fans waren nicht Grimmepreis-verdächtig. Beim Anblick des über Frankfurts Fanköpfen ausgerollten Transparents stockte mir der Atem. Es zeigte die Silhouette von Dresden, darüber Bomber, die ihre Bomben über der Stadt abwarfen. Unfassbar.

Frankfurt ist übrigens in der gleichen Saison in die 1. Liga aufgestiegen. Ich hätte sie nach dieser Entgleisung in die 3. Liga absteigen lassen. Denn auch die Fans müssen erstligatauglich sein.

27

WAS MICH STÖRT II – AUF DIE ZWÖLF

2012 – eine Momentaufnahme. Eine der üblichen Talkshows in den alten Ländern. Die gewohnten Gäste mit ihren vertrauten Aussagen. Die Talkmasterin versucht sich als Dirigentin, aber die Versammelten setzen ein, wann sie wollen. Es klingt wie die erste Probe einer Dorfkapelle. Jeder spielt sein Lied, alle gleichzeitig und im dreifachen Forte. Die Moderatorin weiß sowieso alles – und alles besser –, und wenn einer der Gäste eine Antwort nicht gleich parat hat, spitzt sie ihre Lippen wie eine Unterstufenlehrerin, wenn Klein-Kevin wieder mal die Hausaufgaben nicht gemacht hat. Die Schöne von die Linke weiß auf alle Fragen eine Antwort und für jedes Problem eine Lösung. Sie vermittelt den Eindruck, mittlerweile auch die Schuldigen an den vier Jahreszeiten zu kennen, und fordert eine Mindesttemperatur für den Winter und eine Höchsttemperatur für den Sommer. Am besten sei, den Frühling übers ganze Jahr zu verteilen, denn nur so sind Wachstum und Wohlstand für alle gewährleistet. Im Übrigen wäre es Zeit, dass sich die Schmalen auf die breiten Schultern stellen.

Ein Münchner Liedermacher verbietet mir, schlecht über die DDR zu reden. Dort haben sie zwar nicht den »Willi daschlogn«, aber die Toten an der Mauer waren ihm kein Chanson wert. Ein kleinwüchsiger Spaßvogel bestimmt, was gut und richtig ist. Selbst ernsteste Themen werden von ihm wie ein Scherzo vorgetragen. Einem Nobelpreisträger fährt er über den Mund, dass dieser glaubt, nie ein Abitur gemacht zu haben. Man erzählt m-i-r etwas über die DDR. Eine gut aussehende, mittelprächtige Jungschauspielerin, die irgendwann einmal in Cottbus auf die Welt kam, aber mit ihren

Eltern schon seit 20 Jahren in Köln lebt, lobt kenntnisarm und engagiert das Leben hinter der Mauer. Bei deren Fall war sie sieben. 14 Tage später steht in der Zeitung, dass ihre Eltern bei der Stasi waren, von der sie in der Talkshow berichtet hatte, dass sie nicht unter ihr gelitten hätte.

Zwei württembergische Köche erklären m-i-r das »Leipziger Allerlei«, die »Dresdner Eierschecke« und den »Heldrunger Sauerbraten«. Ein österreichischer Liedermacher schwärmt vom großartigen DDR-Publikum. Als ich seinen damaligen Erfolg in Dresden, Weimar und Halle relativieren, einordnen und kommentieren möchte, ermahnt mich die Moderatorin, den Österreicher doch bitte ausreden zu lassen. Großer Gott, wie viele Österreicher soll man denn noch ausreden lassen!?

Eine Transe macht mir alternativlos klar, dass i-c-h nicht ganz normal sei, und ein Landwirt erzählt, dass Mozart einen günstigen Einfluss auf die Milchproduktion der Kühe habe. Und wieder ein anderer sagt, dass Goethe ein weit überschätzter Vielschreiber gewesen sei. Als ich noch ein paar andere positive Dinge über Mozart und Goethe hinzufügen möchte, spitzt die Moderatorin wieder die Lippen, und die Sendung ist zu Ende. Man verweist auf die nächste und begibt sich zur After-Show-Party. Dort sagt Sky du Mont zu mir: »Schön, dass Sie dabei waren, da haben wir mal wieder was über den Osten erfahren.«

*

Im Frühjahr 2012 sind in Thüringen Kommunalwahlen. Im heimatlichen Saale-Holzland-Kreis war die Wahlbeteiligung am höchsten: 52,8 Prozent. Immerhin! In anderen Landesteilen war's nicht mal die Hälfte. Ich begreife es schon seit 22 Jahren nicht. Vielleicht bin ich ein politischer Romantiker, aber nach 40 Jahren Sozialismus und davor zwölf Jahren Faschismus kann doch die Wahl à la carte nicht so quälend sein.

Immer wieder höre ich das Argument: »Meine Stimme ändert doch sowieso nichts.« Ich möchte nicht in einem Land leben, wo eine Stimme alles ändert. Aber keine Stimme macht sprachlos.

*

Frühling 2012. Karoline, unsere Tochter, bekommt in wenigen Tagen ihr viertes Kind. Johannes, einer meiner beiden Söhne, kommt von einem sechsmonatigen Praktikum aus Singapur zurück und macht seinen Bachelor. Er hätte sein Praktikum auch in London machen können, entschied sich aber für Singapur. Wir hatten früher die Wahl zwischen Glauchau und Neustrelitz. Sven, der andere Sohn, arbeitet viel und beschwert sich wenig. Er ist sein eigener Arbeitgeber und sein Arbeitnehmer. Bei wem sollte er sich beschweren? Während in Deutschland ein altes neonazistisches Krebsgeschwür behandelt wird, faselt Günter Grass von der jüdischen Gefahr für den Weltfrieden. Der Winter lässt dieses Jahr nicht locker. Es ist kalt. An der See zumal.

Ich schreibe diese Zeilen in Binz auf Rügen, in einem schönen Hotel, wo ich demnächst Lesungen haben werde. Ich schaue über Strand und Wasser und sehe am Horizont Kreidefelsen. Die Luft ist kalt, aber klar, und alles scheint zum Greifen nah. Ein Anruf von der Rezeption: Der Journalist sei da. Er möchte in Vorbereitung meiner Lesungen ein Interview mit mir machen. Ich gehe in die Lobby, da steht er: ein gut erhaltener Endsechziger wie ich. Wir setzen uns und bestellen Kaffee. Mit Journalisten trinkt man immer Kaffee. Er sagt, er war früher Volkspolizist, und jetzt sei er Volkskorrespondent. Das sagt er lachend. Binz strahlt in der kalten Aprilsonne, er strahlt auch und schwärmt von früher. Es geht ihm offensichtlich gut, aber er meint, ich sei einer der wenigen, die es geschafft hätten. Was meint er? Er kann doch gar nicht singen.

In wenigen Wochen fliege ich nach Santo Domingo, zu meinem SOS-Kinderdorf-Patenkind. Ihm werde ich etwas über dieses komische Deutschland 2012 erzählen. Obwohl ich nicht darüber hinwegtäuschen möchte, dass auch mir in diesem Jahr ein großes Unglück geschah: Ich habe gegen einen holländischen Tenor im Tischtennis verloren. Ganz schön wird's nie.

28

WAS MICH STÖRT III – »DIE SCHULDIGEN«

Es gibt immer wieder Leute, die sich durch vereinfachende Verallgemeinerungen die Welt scheinbar begreifbar machen. Dieser Schwachsinn kennt keine ideologischen, religiösen oder Eisenbahnschranken. Wären das Einzelfälle ohne Außenwirkung, könnte man sagen: »Ihr macht es euch zu einfach …«, und man würde sich wichtigeren Dingen zuwenden. So einfach geht es aber einfach nicht, denn der Schaden, den sie anrichten, ist verheerend.

Der Blick aufs Große und Ganze bleibt denen verwehrt, geistiges Stückwerk macht Denken in Zusammenhängen unmöglich. Sie kaufen keine größeren Schuhe, wenn der Schuh drückt, sondern sie suchen Schuldige. Der Balken vor dem Kopf bestimmt ihre Sichtweise. Bildung wäre hilfreich, wird aber nicht angestrebt. Je nach dem Grad des eingeschränkten Blickwinkels, der oft nahtlos in Blindheit übergeht, sind die Schuldigen schnell gefunden. Es sind entweder Juden, Araber, Christen, Amerikaner, Reiche, Arme, Ausländer, Afrikaner, Flüchtlinge, Sachsen, Russen oder Politiker. Sie glauben mit dem Kampf gegen die jeweils Schuldigen die Welt in Ordnung bringen zu können.

Die Parolen heißen:

Die Araber sind Terroristen
Die Christen sind Ungläubige
Die Juden gefährden den Weltfrieden
Die Amerikaner sind Imperialisten
Die Reichen sind an allem schuld
Die Armen sind selber schuld
Die Flüchtlinge sind Schmarotzer

Die Ausländer sind Ausländer
Die Afrikaner sind faul
Die Russen sind Putin
Die Sachsen sind Idioten
Die Politiker sowieso dumm und gefräßig

Diese Verallgemeinerungen sind im Grunde purer Rassismus. Entweder von rechts, von links, von hinten oder von vorn. Von Toleranz und Nächstenliebe keine Spur. Der Verfasser hat auch einen Schuldigen ausgemacht: die Dummheit. Gegen die kann man was machen, ohne dass irgendjemandem das schwarze, braune, blonde oder rote Haar gekrümmt wird.

29

WAS MICH STÖRT IV – ZÜGIG

Immer wieder rät man mir: Fahre mit der Bahn. Du bist schneller, brauchst dich um nichts zu kümmern, kannst arbeiten, singen natürlich nicht, aber schreiben. Im Bordrestaurant gibt's was zu essen, selbst Alkohol führen sie mit sich. Wenn du Glück hast, sitzt dir gegenüber eine schöne Frau, mit der du plaudern kannst. Du kannst die Landschaft betrachten und Bahnhöfe. Landschaft kommt Gott sei Dank öfter. Das Personal ist freundlich, die Toilette sauber, und das Wetter spielt keine Rolle. Es stört weder so noch so. Aquaplaning ist ausgeschlossen. Gegenverkehr eigentlich auch. Strecken, wo mit Gegenverkehr stark zu rechnen ist, sind meist zweigleisig. In der Monarchie war die Pünktlichkeit eine Zierde der Könige. Das hat jetzt die Deutsche Bahn AG übernommen. Die Pünktlichkeit des Maurers war ohnehin überschätzt. Tankstellen müssen nicht angefahren werden, und die Schienen sind eine durch und durch verlässliche Orientierungshilfe.

An all diese gut gemeinten Ratschläge, Empfehlungen und Lokrufe denke ich, nach dem ich in einem verspäteten Zug am unhörbar veränderten Bahnsteig gerade noch aufspringen konnte. Das Begleitpersonal hat nicht nur die nötige Hilfe dabei unterlassen, sondern mich auch noch beschimpft, als hätte ich einen Waggon abhängen wollen. Draußen 35 °C, drinnen knapp unter 40 °C. Die Klimaanlage war offenbar der Klimaerwärmung zum Opfer gefallen. Zur Ruhigstellung der Fahrgäste gab es, nach einer halben Stunde unbezahlter Sauna, jeweils eine Flasche warmes, stilles Wasser. Die Toilette war wegen Überfüllung geschlossen, und ein längerer Halt auf hässlicher freier Strecke nährte die Hoffnung auf eine zweistündige Verspätung des Anschlusszuges. KEIN NETZ stand auf dem Handy, sodass ich meine mehrstündige Verspätung den auf mich Wartenden nicht mitteilen konnte. Ich wünschte mir eine Postkutsche aus der Zeit, da die Pünktlichkeit noch eine Zierde der Könige war.

Vielleicht ziehe ich jetzt aus diesem Missgeschick die falsche Schlussfolgerung und hatte einfach nur Pech. Vielleicht geht ansonsten alles zügig bei der Deutschen Bahn AG. Das ist aber nur eine Vermutung.

Ich glaube, wenn man die Liebe zum Chaos und Leidensfähigkeit besitzt und zeitlich nicht unter Druck steht, ist die Bahn ein durchaus empfehlenswertes Transportmittel. Wer so veranlagt ist und den das alles noch nicht reicht, wird auch seine helle Freude haben, wenn er von A nach B will und bei C ankommt.

Auch bei der Bahn ist der Weg das Ziel. Allzeit gute Fahrt!

30

WAS MICH STÖRT V – HIMMELSRICHTUNG

Im 19. Jahrhundert standen sich in Nordamerika die dortigen Südstaaten und Nordstaaten in einem Krieg gegenüber. Nach diesem Bürgerkrieg zogen es die dann Vereinigten Staaten von Amerika vor, Kriege im eigenen Lande zu vermeiden. Nord- und Südvietnam sind vereint. Nord- und Südkorea sind entzweit. Nordvorpommern gibt es, Südnachpommern gibt es nicht. Deutsch-Südwest gibt's schon lange nicht mehr. Die Ostukraine ist russifiziert, die Westukraine will von den Russen nichts wissen. In Ossetien brennt es immer mal wieder in allen vier Himmelsrichtungen. Nord- und Südsee kommen sich nicht ins Gehege und plätschern weit entfernt vor sich hin. Fulda und Werra sind schon lange vereint.

Man muss nicht alles vereinen. Vereinnahmen schon gar nicht.

Die deutsche Wiedervereinigung ist Glück und Segen, aber die Deutschen haben sich vermutlich beim Feiern im November '89 so verausgabt, dass der Kater immer noch gegenwärtig scheint und mit allen möglichen und unmöglichen Tinkturen bekämpft wird. Sichtbar nur in Randerscheinungen, aber manchmal spürbar bis ins Mark. Eigentlich ist es kaum der Rede wert, deswegen schreib ich's auch nur auf.

Der für Mitteldeutschland zuständige Sender heißt logischerweise Mitteldeutscher Rundfunk – MDR. Die territorial begrenzten Sendungen heißen aber:

Entdecke den Osten
Sport im Osten
Heute im Osten
Neues aus dem Osten

»Der Osten« – Was ist das?

Wenn die Bezug nehmende Himmelsrichtung – der Osten – richtig wäre, müssten in diesen Sendungen auch Beiträge aus der Oberpfalz, dem Bayerischen Wald und über das Jazzfestival in Burghausen kommen, denn das sind alles Gegenden, die im Osten Deutschlands liegen. Stattdessen nennt man ein Fußballspiel Magdeburg gegen Rostock Ostderby. Magdeburg liegt da, wo auch der Sender seinen Namen her hat. In Mitteldeutschland. Und Rostock liegt im Norden unseres Landes. Hochseetaugliche Schiffe fahren von dort in die ganze Welt. Das kann man von Mitteldeutschland nicht behaupten. Hier hat man Raddampfer auf der Elbe und Segler auf der Saaletalsperre. Wenn Bremen gegen Hamburg Fußball spielt, nennt man das nicht Westderby, sondern Nordderby.

Dass sie uns im Mitteldeutschen Rundfunk fast wöchentlich Sendungen zeigen, wie:

Sommer in der DDR
Winter in der DDR
Ferien in der DDR
Urlaub in der DDR
Reisen in der DDR
Wintereinbruch in der DDR
Zelten in der DDR
Camping in der DDR

etc., ist offensichtlich rückwärts gewandtes Programm. Da die Sendungen Quote bringen, scheint dem Sender die Häufigkeit gerechtfertigt.

Häufige Krimi- und Filmwiederholungen, wo Ulbricht oder Honecker von der Wand lachen, sind ebenfalls Teil des Programms. Man hofft, dass da irgendwann ein Ende abzusehen ist und somit die Vergangenheit nicht die Zukunft dominiert. Momentan wäre es konsequent, wenn sich der Sender Ostfernsehen nennen würde. Obwohl – dann müssten ja wieder die Oberpfalz, der Bayerische Wald und Burghausen dazugehören. Es ist schon ein Kreuz mit den Himmelsrichtungen. Ich jedenfalls bin gebürtiger Thüringer und damit Mitteldeutscher. Ein Denken in den Grenzen der DDR ist mir zu begrenzt und auch beschränkt.

Auch das ehemalige Westfernsehen ist weitestgehend Westfernsehen geblieben. Fast 30 Jahre nach der Wiedervereinigung finde ich es wenig vereinigend, wenn bei den meisten Talkshows altbundesrepublikanische Zeitzeugen, Fachleute, Sportler und Künstler total dominieren, oft gar unter sich sind, als hätte es die Vereinigung nie gegeben.

Dass ich einer der Quotenossis war und bin, macht die Sache nicht erträglicher. Zu oft wird man in diesen Debatten auch noch ausschließlich auf die DDR reduziert und mit diesbezüglichen Fragen konfrontiert. In der Umkehrung wäre das so, als würde man Markus Lanz auf Südtirol reduzieren, Thomas Gottschalk auf Bayern und Johann Lafer auf Österreich. Die DDR ist allerdings schon längst in der Versenkung verschwunden, und deswegen gehen mir die diesbezüglichen Fragen in ihrer Penetranz langsam auf den Wecker.

Die alte Bundesrepublik hatte als Fußballnation Überragendes geleistet, und unmittelbar nach der Wiedervereinigung gab es den ersten Weltmeistertitel für das vereinigte Deutschland. In der Mannschaft spielten zwar nur Westdeutsche, aber ganz Deutschland hat sich gefreut. Wie immer, wenn Deutschland Weltmeister wurde. 2014 war die gesamtdeutsche Freude kaum zu beschreiben. Aber auch Magdeburg war Europapokalsieger. Jena war in einem Europapokalfinale, Dresden in einem Halbfinale, und die Nationalmannschaft der DDR wurde 1976 in Montreal Olympiasieger.

Von Beckmann bis Bommes gibt es so viele Spezialsendungen zum Thema Fußball. Es würde doch niemandem eine Perle aus den vielen Westkronen fallen, wenn einer der Olympiasieger von 1976 oder einstige Weltklassefußballer wie Peter Ducke, Eberhard Vogel oder Klaus Sammer das gemeinsame Erinnern bereichern. Auch Kommentare zum jetzigen Fußball kämen aus berufenem Munde. Die Runden der üblichen Verdächtigen könnten so interessanter und abwechslungsreicher werden.

Die Bundespräsidenten von Richard von Weizsäcker bis Joachim Gauck ermahnten und ermahnen immer wieder, uns gegenseitig unsere Geschichten zu erzählen, damit wir uns besser kennenlernen und auch Geschichte begreifbarer wird. Manchmal ist es nicht verwunderlich, dass sich die »Ostdeutschen« unterrepräsentiert vorkommen. Das tut ihrem Selbstwertgefühl nicht gut. Ich wäre der Letzte, der sich die DDR im Nachhinein schönredet oder schönreden lassen möchte, aber Biografien, Leben und Leistungen sollten Beachtung finden.

Was mir manchmal im »Ostfernsehen« zu dicke ist, findet im »Westfernsehen« so gut wie gar nicht statt. Kurz, man bleibt unter sich. Nach wie vor gilt hier die Weisheit: Man darf das Brückenbauen nicht nur den Zahnärzten überlassen.

31

DIE VERPASSTE OPTION

Wenn du den Beruf des Sängers gewählt hast, sollte dich Freude beseelen, sobald du vor das Publikum trittst. Selbst die traurigen Lieder der *Winterreise* von Franz Schubert müssen dem Sänger Freude bereiten, ansonsten kann er das Werk nicht schön traurig vortragen. Der alte Musiktheatergrundsatz »Wenn Sprache nicht mehr ausreicht, muss man singen« gilt auch in einem beseelten Leben. Vielleicht kommt der gar von dort und ist nur einem solchen Leben abgelauscht. Wir singen, wenn wir verliebt sind, beim Wandern, beim Kochen, in der Badewanne und manchmal einfach nur so, weil wir uns gut fühlen.

Der Sänger muss auch dann singen, wenn er nicht verliebt ist und auch dann, wenn er sich schlecht fühlt. Der Termin bestimmt die Lust. Dann muss er sich in Stimmung bringen. Das macht manchmal Arbeit, und deswegen bekommt er's auch bezahlt. Das Publikum hat ein Recht auf einen beseelten Sänger, nicht nur weil es Eintritt bezahlt hat. Außerdem wäre es Verrat an der Kunst, wenn da nur ein Handwerker stünde. Handwerk reichte nicht aus, nicht nur weil Singen auch Halswerk ist. Goldenen Boden braucht's aber auch. In dem Fall ist es das Wissen ums Wie, denn die Stimme wird nicht ausschließlich vom Herzen inspiriert. Der Sitz der Stimme, der fließende Atem und die Stütze sind keine Selbstverständlichkeiten, sondern müssen souverän erarbeitet werden. Das ist manchmal mühselig, aber die Mühsal darf man nicht hören. Gelegentlich gelingt das auch. Wie lange das für einen Sänger und vor allem für die Zuhörer genussreich bis erträglich ist, weiß man zu Beginn einer Karriere nicht. Deswegen ist es sinnvoll, von Anfang an einen beruflichen Ausweg im

Köcher zu haben. Des Sängers Höflichkeit könnte dann dazu führen, dass er endlich schweigt. Es gibt auch welche, wo es rücksichtsvoll gewesen wäre, wenn er (oder sie) nie gesungen hätte. Ich danke dem Herrgott, vielen guten Ratgebern und meinem Hals-, Nasen- und Ohrenarzt, dass ich nach wie vor Freude an meinem Beruf habe und das Publikum meine Freude mit mir teilt. Singen bleibt immer Geschmackssache und deswegen ist es normal, dass das andere anders sehen.

Wirt wäre ich gern geworden, wenn es mit der Singerei und dem Theater irgendwann schiefgegangen wäre. Für den Fall war es für mich immer eine schöne Option und keine Notlösung, meine Bühne hinter dem Tresen und in der Küche zu finden. Permanent Gastgeber in einem Gasthaus zu sein und mit Freundlichkeit, Einfallsreichtum, selbstverständlich Musik und einem lockenden Angebot aus Keller und Küche – das war für mich eine schöne Vorstellung.

Manchmal habe ich gehofft, es kommt dazu, und natürlich bin ich auch wieder froh, dass es nicht so kam. Die Erfahrung hätte ich gern gemacht, zumal ich immer klare Vorstellungen davon hatte:

Kaffeehaus im Wiener Stil mit all den bekannten Kaffeesorten und Spielarten, allen denkbaren Kuchen und Torten, Zeitungsständern und Bücherregalen. Kaffeehausmusik, so süß wie die Torten und die Kellnerinnen.

Ein älterer Oberkellner à la Sky du Mont.

Kein Conférencier.

Blöcke und Stifte für Gelegenheitsdichter und Maler.

Frische Blumen auf den Tischen und bei den Kellnerinnen im Haar.

Frühstücken könnte man in meinem Wiener Kaffeehaus, solange man will – das ginge dann automatisch zum 5-Uhr-Tee über.

Das Abendrestaurant in der oberen Etage im Biedermeierstil. Entsprechend gerahmte Bilder an der Wand. Stühle und Sofas der Zeit und Biedermeiersträuße auf den ovalen Tischen. Kellnerinnen und Kellner im angedeuteten Stil um 1830, wahrscheinlich etwas bequemer. Biedermeiertapete – eine Wand weiß, an der ein prächtiger und dennoch schlichter Biedermeiersekretär steht. So in der Art, wie ihn Goethe für die Frau von Stein entworfen hat, der im Schloss Großkochberg bei Rudolstadt zu besichtigen ist.

Die besten Gerichte und Menüs von damals auf unsere Zunge aus- und angerichtet. Z. B. aß man in der Zeit gerne frischen Kabeljau in Court-Bouillon oder Grießknödel. Darüber hinaus alle Salate und Gemüsesorten der Welt und Steaks von handmassierten Ochsen und Rindviechern. Sonntags selbstverständlich Thüringer Klöße mit wahlweise Sauerbraten oder Rindsrouladen, aber immer mit Rotkraut.

Mittel- oder norddeutsches Bier, irischen Whiskey (nicht nur wegen des Brexit). Weißburgunder Spätlese und Silvaner von Saale-Unstrut.

Kein Rum aus Rumänien.

Riesling Flaschengärung von Rotkäppchen, das ist bester Champagner, der bloß nicht so heißen darf.

Spätburgunder aus Baden.

Brunello aus Italien, auch Primitivo möglich.

Bordeaux sowieso.

Musik nicht permanent, aber live!

Cembalo, Geige, Cello, Bass und Oboe.

Klassik bis Romantik.

An einem Tag in der Woche junge Musiker mit schöner, alter neu empfundener Volksmusik, wie man sie aus den Pubs in Irland kennt. Das muss doch mit deutschen Volksliedern auch zu machen sein. Keine volkstümliche, sondern alte, schöne, tief empfundene, überlieferte Volksmusik – an die jugendliche Brust genommen. Da kann man auch mal zuhören und muss nicht ständig reden.

Polizeistunde bestimmt nicht die Polizei, sondern der Gast.

Gewünschtes Publikum: gemischt – in jeder Hinsicht.

Glockentürme standen ganz früher neben der Kirche. So würde ich's auch mit den Toiletten halten.

Mein Wirtshaus sollte mitten im Wald, mitten in der Stadt, am See, am Fluss, am Meer und im Gebirge liegen. Sie sehen, auch bei der Wahl der Gegend wäre ich wählerisch gewesen.

Vielleicht ist es gut, dass es nichts geworden ist mit dem Gasthaus, aber schön wäre diese Option schon gewesen.

Nach der Vorstellung oder dem Konzert gehe ich gern ins Wirtshaus, und manchmal trinke ich's mir so schön, dass es aussieht wie meins.

32

KINDERMUND

Mein Neffe war knapp zwei Jahre alt, lief schon allein und sprach noch kein Wort. Ein Sonntagsspaziergang führte uns in den Eisenberger Schlossgarten. Der Pudel Cassy achtete darauf, dass keiner zurückblieb und keiner zu sehr voraneilte. Vater und Mutter des Knaben gingen vornweg. Sie wussten den Kleinen in meiner Obhut und gingen Hand in Hand durch die grünen Arkaden. Ich versuchte durch einfache Begriffe, die augenfällig waren, den Redefluss meines Neffen in Gang zu setzen.

»Das ist ein Baum. Ein Baum«, sagte ich. Er guckte mich an, als hätte ich ein Problem. »Das ist ein Blatt«, fuhr ich fort, »ein Blatt.« Sein Blick wurde immer mitleidiger. Als ich das Thema wechselte und sagte »Das ist ein Stein, ein Stein«, hob ich einen Stein auf und zeigte ihm den Stein. »Ein Stein.«

Das Gespräch war zwar sehr einseitig, aber abwechslungsreich, wie ich fand. Wie gesagt, er sprach noch kein Wort. Ich lief mit dem Stein in der Hand neben dem kleinen Mann, während mein Schwager über einen Stein stolperte und nur durch einen geistesgegenwärtigen Griff in die grünen Arkaden einen schlimmen Sturz noch verhindern konnte. Mein kleiner Neffe lächelte unangemessen, zeigte auf meine Hand mit dem Stein und sagte: »Stein, siehste?«

Dann schwieg er erst mal wieder einen Monat.

*

»Mama«, »Papa«, »Oma« oder »Wauwau« als erstes Wort ist üblich, und selbst Goethe wird so oder so ähnlich seine ersten Verlautbarungen von sich gegeben haben. Das erste Wort meines Sohnes Johannes war »Gurke«. Wir haben uns diesen seltsamen Beginn wie folgt erklärt:

Meine Frau war just an diesem Tage mit unserem Sohn im DDR-Obst-und-Gemüse-Laden und hat dort völlig überraschend Gurken gesehen. Das Wort »Gurke« muss sie in dem Moment so erfreut und entzückt ausgesprochen haben, dass es unser Söhnchen an den Beginn seines Wortschatzes stellte. Das viel gerühmte Bildungssystem der DDR hatte auch seine überraschenden Momente.

*

Karoline, unsere Tochter, wurde fünf. Wie in unserer Familie zu Geburtstagen üblich, gab es vom Bett bis zum Tisch, auf dem die Geschenke standen, eine Blumenstraße. Allerlei Leckereien lagen zwischen den Blumen, und wir begleiteten das Geburtstagskind entlang dieser Straße zum Geburtstagstisch. Gesungen wurde natürlich auch. Meine Frau hatte im Stile von »Tischlein deck dich« das Feiertagsfrühstück schon vorbereitet. Das waren immer wiederkehrende Rituale, die auch in der Erinnerung nur Freude aufkommen lassen. An jenem fünften Geburtstag von Karoline war einzig das Wetter dem Tag nicht angemessen.

Es regnete unaufhörlich, und der Wind machte deutlich, welche Fenster nicht mehr ganz dicht waren. Da schickt man keinen Hund vor die Tür und Geburtstagskinder schon gar nicht. Und so spielten wir im Wohnzimmer erst mit den Geburtstagsgeschenken und dann »Ich sehe was, was du nicht siehst«. Irgendwann hatte das Geburtstagskind schon alles gesehen, was wir nicht sahen, und so setzten wir den kostengünstigen Zeitvertreib mit »Begrifferaten« fort. Meine Tochter fragte mich: »Rat mal, was mir das Liebste auf dem Leben ist.« Ich riet, was man so rät, wenn man das raten soll. Püppi, Mami, neues Kleidchen, Puppenstube, Märchen, ihre Freundin Melanie oder der kleine Nachbar Buddhy. Sie hatte alles und alle lieb, sogar sehr.

Aber das Allerliebste sei etwas anderes. Als kleine Hilfeleistung sagte sie: »Es fängt mit »O« an.« Da gab's nicht allzu viele Möglichkeiten. »Die Oma«, rief ich siegessicher. Die habe sie besonders lieb, aber es sei etwas anderes. Ostern war es auch nicht. Auberginen gab's in der DDR nicht, demzufolge wussten wir auch nicht, dass die mit »A« geschrieben werden. Plötzlich sprach sie aus, was ich dachte. »Du kommst nicht drauf, ich sag dir's: dor Orlaub!«

*

Mein Sohn Sven fuhr eines Tages mit seiner Frau Elke und Tochter Romy von Eisenberg zur Oma nach Pößneck. Nicht nur nach Rom führen viele Wege, auch nach Pößneck. Egal, welchen Weg man wählt, man hat immer das Gefühl, ein anderer Weg wäre ein besserer gewesen. Dieses Phänomen kennt man auch bei anderen Entscheidungen. Ungeahnte Umleitungen, Unfälle, Straßensperrungen und Baustellen führen zwangsläufig zu Staus. Und so stand man an diesem Tag kurz hinter Oppurg und auch kurz vor Pößneck, und es bewegte sich lange gar nichts. Da fragte die damals vierjährige Romy: »Wollen die alle zur Oma?«

33

NÜCHTERN BETRACHTET

Ein Bierchen, ein Weinchen, ein Schnäpschen, ein Likörchen, ein Gläschen, ein Schöppchen, ein Schlückchen. Dieser Selbstbetrug ist auch mir nicht fremd, da bin auch ich oft ein Dummerchen. Es ist weniger geworden. Hin und wieder ein Zigarettchen gibt's gar nicht mehr. Aber ein Schnitzelchen, ein Rouládchen, ein Fettbemmchen, ein Bockwürstchen und ein Eisbeinchen muss gelegentlich sein. Wer auf großen Bühnen steht, möchte nicht übersehen werden! – Schon wieder so ein Selbstbetrug. Als gäbe es keine großen Künstler, die klein und dünn sind. Aber mal ehrlich: Möchten Sie, dass ich klein und dünn bin? Ihr Auge hat sich doch auch an mich gewöhnt. Und ich möchte vor allem Sie nicht enttäuschen.

Einmal habe ich zehn Kilo abgenommen. Anstatt »Guten Tag« sagten die Leute: »Wie geht's denn??« Und statt »Auf Wiedersehen« sagten sie: »Gute Besserung!!« Als ich heimkam, aß ich ein Süppchen mit vier Würstchen. Jetzt sagten die Leute: »Gut sehen Sie aus!« Der Doktor fragt mich, wie viel ich wiege, ich verschweige die zehn Kilo, die ich mittlerweile wieder draufhabe, und er ist zufrieden. Andere zu betrügen macht aber nicht halb so viel Spaß wie der Selbstbetrug. Andere sehen doch genau, wie spärlich mein Resthaar mittlerweile wächst. Wenn ich meine Haare geschickt kämme und der Friseur zuvor nicht allzu viel Deckreisig weggeschnitten hat, habe ich bei Windstille und günstiger Beleuchtung von vorn geradezu einen Wuschelkopf. Der alte, matte Biedermeierspiegel bei uns zu Hause verschafft obendrein noch eine gesunde Gesichtsfarbe. Ich stehe gern vor diesem alten Spiegel. Die Neonbeleuchtung im Bad ist unbarmherzig. Ina, meine Maskenbildnerin, sagt immer kurz vor Arbeitsbeginn:

»Du hast bedeutend mehr Haare als die meisten deiner Altersgenossen!« Sie meint damit vermutlich die gleichaltrigen Glatzköpfe.

Im normalen Herrenausstatter bekomme ich schon lange nichts Passendes mehr. Die Länge der Hosen ist konstant, aber der Bund hat in der Bundesrepublik gewaltig zugelegt. Es ist ein unbedingter Reflex, bei der Anprobe den Bauch einzuziehen. Wer wie ich seit 50 Jahren an den FKK-Strand geht, beherrscht das aus dem Effeff. Wer dann mit solchen zwangsläufig zu engen Hosen eine Weile sitzt, spürt bald – spätestens beim Aufstehen –, dass der Bund eine Falte legt und um eben diese Faltenbreite die Hose verkürzt. In solchen Momenten ist es ratsam, sitzen zu bleiben, den Tisch oberhalb der gedachten Taille an sich heranzuziehen und als Letzter den Raum zu verlassen. Wenn Anzug und Schlips gefordert sind, empfiehlt es sich bei solchen Hosen, das Hemd über der Hose zu tragen – ein weites, versteht sich. Dann kann man auch schon mal aufstehen.

Obwohl durch und durch thüringisch, sächsisch, evangelisch geprägt, habe ich oft schon die Konfession wechseln wollen. Wegen der Konfektion. Die Muslime haben einfach die günstigere Kleiderordnung: Der Kaftan umspielt den Körper und bildet ihn nicht ab. Der Turban lässt alle Haarprobleme verschwinden. Nur die Konsequenzen sind für mich nicht hinnehmbar: Ich weiß nicht, ob ich nach dem Beten wieder hochkomme, und auf das gute Tröpfchen im Gläschen möchte ich im Dämmerstündchen auch nicht verzichten.

Einen Kaftan habe ich mir trotzdem gekauft. Dem lieben Gott ist es sicher egal, in welchem Wams ich das Vaterunser bete. Den Turban lass ich weg. Denn mit dem sehe ich aus wie der Kleine Muck.

34

DER SEMPEROPERNBALL

Zehn Jahre habe ich den SemperOpernball moderiert. Das klingt gewaltig, aber ich hab ihn ja nicht zehn Jahre lang moderiert. Nur zehnmal in zehn Jahren. Also bitte.

Moderieren heißt ohnehin sich zurücknehmen und die Sache selbst nach vorne bringen. Die bezaubernden und klugen Moderationspartnerinnen, an deren Seiten ich moderieren durfte, haben dieses Grundverhalten zwar charmant infrage gestellt, aber damit konnte ich gut leben. Dresden, die Semperoper, die Gäste und dieser weltoffene Ball im weltoffenen Sachsen sind und bleiben die herausragenden Absender dieses gesellschaftlichen Großereignisses. Die meisten Zuschauer verfolgen den Ball übrigens vor dem Fernseher. Insgesamt mehrere Millionen. Circa 15.000 verfolgen den Ball vor der Oper. Sie verfolgen ihn nicht nur, sondern sie sind mehr und mehr Teil des Balles. In der Oper sind es gerade mal circa 2.500 Gäste.

Es gibt immer wieder Sozialneidhammel, die behaupten, drinnen säßen die Reichen, und die Armen müssen draußen stehen. Das ist Blödsinn.

Erstens: Stehen und laufen drin die meisten, auch weil viele gar keinen Sitzplatz haben.

Zweitens: Draußen ist die Tanzfläche größer und die Luft besser.

Drittens: Draußen feiert man ausgelassener und ungezwungener.

Viertens: Ich kenne viele mit schmalem Portemonnaie, die sich den Eintritt gar nicht leisten könnten, und sie leisten ihn sich trotzdem, und ich kenne ’ne Menge Wohlhabende, die draußen oder zu Hause vor dem Fernseher mitfeiern.

Fünftens: Die größte Anzahl – ob arm, ob reich – interessiert sich für den Ball gar nicht.

Wo sich's der Mensch gut gehen lässt, sollte anderen, die es sich woanders gut gehen lassen, völlig egal sein. Ein kleines Häuflein anti-bourgeoiser, marxistisch-leninistischer Dauerrevolutionäre versammelte sich zum 1. SemperOpernball mit Transparenten und Sprechchören auf dem Theaterplatz, vor der Semperoper. Sie wurden von der Menge weggetanzt.

Der Ball ist festlich und friedlich, die Reden kurz und kurzweilig – manchmal auch lang. Das Programm ist ebenso Geschmackssache wie die Robe einiger weniger Damen. Die Männer können da nicht viel falsch machen. Wenn sie es könnten, würden sie's auch tun. Die Eitelkeit ist kein Mauerblümchen. Das Wichtigste: Dresden ist wie kaum eine andere europäische Stadt, geschichtlich und musikgeschichtlich prädestiniert für einen Opernball dieser Größenordnung.

Wien bleibt Wien, und Dresden ist Dresden.

35

DIE WELT UND ICH

Persönlich. Musikalisch. Politisch.

Am 18. September 1944 wurde ich geboren. Eigentlich gab es keinen vernünftigen Grund, am 18.9.1944 zur Welt zu kommen, aber die Seilschaft, der ich damals angehörte, war eine Nabelschnur und mein Einfluss weniger als gering. Der 8. Mai 1945 wäre eine bessere Gelegenheit gewesen, auf die Welt zu kommen. Aber der letzte Fronturlaub meines Vaters war Weihnachten '43, und so konnte ich mir das mit dem 8. Mai 1945 aus dem Kopf schlagen. Meine Mutter habe ich später gefragt, warum Vater nicht zu Hause geblieben ist. Erstens, um mich in Empfang zu nehmen, und außerdem hätte er doch wissen müssen, dass es im Krieg gefährlich ist und dass sie dort sogar schießen. Meine Mutter richtete mir den Scheitel und lächelte zustimmend. Sie fügte noch an: »Sei froh, dass du nicht noch ein paar Wochen früher zur Welt gekommen bist, dann hätte dich der Führer noch zum Volkssturm eingezogen.« Wir waren froh, dass ich überhaupt da war. Von meiner Mutter, die ein gutes Deutsch sprach, habe ich die Muttersprache gelernt. Mit dem Wort »Vaterland« konnte ich nicht viel anfangen. »Das wurde mir nicht an der Wiege gesungen …« Das ist so ein Satz, den einer gerne sagt, wenn etwas Unverhofftes geschieht – gewissermaßen ein Traum in Erfüllung geht, den man noch nicht einmal geträumt hat.

Ich bin ja nicht nur im Osten geboren, sondern auch noch im Osten von Ostthüringen. Demzufolge haben mich übrigens die Amerikaner befreit – nach der Hebamme. Und erst dann kamen die Russen. Da gab's ein ziemliches Durcheinander an meiner Wiege. Komischerweise wissen die Leute immer ganz genau, was ihnen an der Wiege nicht gesungen wurde. Was ihnen gesungen wurde, wissen sie nicht. Ich weiß es. Meine Mutter sang an meiner Wiege, auf der in schnörkeligen Zahlen mein Geburtsjahr stand:

»Maikäfer flieg.
Der Vater ist im Krieg.
Die Mutter ist im Pommerland,
Pommerland ist abgebrannt.
Maikäfer flieg.«

Im »Volksempfänger« sang Hans Albers damals

»Auf Matrosen, ohe,
einmal muss es vorbei sein …«

Das Lied *Maikäfer flieg* hat meine Mutter noch 1947 gesungen. Irgendwann sagte ich zu ihr, dass der Krieg doch lange vorbei sei. Aber sie sagte, dass der Vati immer noch dort wäre, wo der Krieg war. Später sang sie:

»Guten Abend, gute Nacht,
mit Rosen bedacht,
mit Näg'lein besteckt,
schlupf unter die Deck'«

Jetzt heißt es im Text:

»… morgen früh,
wenn Gott will,
wirst du wieder geweckt«

Diese Textzeile habe ich nie ganz verstanden. Warum sollte der liebe Gott wollen, dass ich morgen früh nicht geweckt werde? Es gibt Gedanken, die muss man beenden, bevor man eine Antwort gefunden hat.

Selbst für morgen früh werde ich mir einen Wecker stellen. Und nicht, wenn Gott will, sondern wenn meine Enkel kommen – hoffentlich nicht allzu früh.

Dass der amerikanische Hit von 1944, also von meinem Geburtsjahr, *Sentimental Journey*, in Deutschland einen anderen Text bekam, lag auf der Hand – oder besser gesagt, an den Verhältnissen.

»Stell dir vor, wir hätten was zu rauchen,
stell dir vor, wie schön das wär.
Stell dir vor, wir brauchten nicht zu schlauchen.
Stell dir vor, wie schön das wär.

Stell dir vor, wir fänden eine Kippe,
stell dir vor, wir fänden zwei.
Stell dir vor, wir fänden eine dritte –
Mensch, wär das 'ne Qualmerei.

Stell dir vor, wir braten uns ein Schnitzel,
stell dir vor, wir braten zwei.
Augenweid' und dieser Gaumenkitzel.
Mensch wär das 'ne Fresserei.«

Meine Mutter hatte es schon schwer mit mir, bevor ich auf die Welt kam, denn bei meiner Geburt wog ich fünf Kilo. Das war ganz schön reichlich. Ich konnte dieses Gewicht aber dennoch nicht lange halten. Im Alter nimmt dann einiges ab, nicht aber das Gewicht. Gewicht und Mund halten war mir nie gegeben.

Nach dem Krieg ermunterte das Alexandrow-Ensemble auf dem Alexanderplatz mit *Kalinka* und *Im schönsten Wiesengrunde.* Von der anderen Seite schwappte der Boogie-Woogie rüber. Der *Bettelstudent* war die beliebteste Operette nach dem Kriege. Eine Operette mit durchaus kriegerischen Zügen. Operettenuniformen sind aber so herrlich lächerlich und flößen überhaupt keinen Respekt ein. Im *Bettelstudent* ist selbst der Oberst noch unterhaltsam. Wie heißt es im *Untertan* bei Heinrich Mann: »Den preußischen Leutnant macht uns keiner nach!« – Den säggs'schen Oberst schon gor ni.

1946 gab mir Großvater Ernst zum ersten Mal einen Brotkanten zu essen, auch »Knifte« oder »Ränftl« genannt. Er bemerkte meine Lust am Kantenkauen und schnitt fortan von jedem frischen Brot die Kanten ab. Hüben und drüben. Die

Brote trockneten aus und wurden hart. Mutter schimpfte mit dem Großvater, und ich kaute quietschvergnügt am knusprigen Kanten. Eine Leidenschaft, die bis heute ungebremst anhält. Das sprichwörtliche »harte Brot« der Nachkriegszeit war für mich der leckere Kanten.

1946 im Frühjahr lag vereinzelt noch Schnee, und die Kommunisten gründeten die SED. Und wieder kam ein kleines, fröhliches Lied über den großen Teich: »On the Sunny Side of the Street«. Selbst in der frühen DDR gab es manche Sonnenseite. Zum Beispiel den DEFA-Film *Auf der Sonnenseite* mit Manfred Krug. Später hat er die Seite gewechselt, und es schien ihm erst recht die Sonne.

Am 18. September 1946 feierte ich meinen zweiten Geburtstag mit Mutter, Schwester, Tanten und Kanten. Und auf den Färöer-Inseln gab's auch was zu feiern. Die hatten sich nämlich an meinem zweiten Geburtstag von Dänemark losgesagt. Das habe ich aber erst viel später erfahren, und auch da hat es mich nicht weiter aufgewühlt.

Großvater starb, und Erich Honecker gründete die FDJ. Eine Art kommunistischer Pfadfinderverein, der von der christlich-jüdischen Prägung des Abendlandes so weit entfernt war wie Johann Sebastian Bach von der Stalinorgel. Die Russen bauten alles ab, und Erich Honecker sang: »Bau auf, bau auf«. Die neuen Grenzen um und in Deutschland wurden markanter und peu à peu dichter, und der Dichter Johannes R. Becher dichtete schon mal eine Hymne. Eigentlich ein schönes Lied.

Anfang der 80er-Jahre kam meine Tochter von der Schule nach Hause und sagte: »Papa, wir haben heute die Nationalhymne gelernt!« – »Na, dann lass mal hören!«, sagte ich, und sie summte die Hymne: »Hmhmhmhm / Hmhmhmhm …«

Der Text war der Zensur zum Opfer gefallen. Wie gut Bechers Hymne war, wurde erst recht deutlich, als man den Text nicht mehr singen durfte. Bleiben Sie ruhig sitzen, aber lesen Sie sich den Text noch mal durch:

»Auferstanden aus Ruinen
und der Zukunft zugewandt.
Lasst uns dir zum Guten dienen,
Deutschland, einig Vaterland

Alte Not gilt es zu zwingen,
und wir zwingen sie vereint.
Denn es muss uns doch gelingen,
dass die Sonne schön wie nie
über Deutschland scheint.«

In New York wird *Annie, Get Your Gun* uraufgeführt. Der heiße Bikini wird erstmals von Micheline Bernardini getragen, und der Kalte Krieg lässt uns über viele Jahre auch im Sommer frösteln. Der Bikini, kreiert von Louis Rear, löste Skandal, Verbot und Wohlgefallen aus. Von Skandal und Verbot ist mittlerweile keine Rede mehr, das Wohlgefallen hält unvermindert an. Man möchte aber einigen Damen sagen, es besteht immer noch keine Pflicht, einen Bikini zu tragen. Die Dreiecksbadehose für Männer machte später nicht annähernd so viel Wirbel, und die hätte man nun wirklich verbieten sollen. Inwieweit *Annie, Get Your Gun* mit dem Kalten Krieg zu tun hatte, überlasse ich Ihrer Fantasie. Zumindest behaupteten auch dort die Kontrahenten: »Alles, was du kannst, das kann ich viel besser.«

1947 sagt Prinzessin Elisabeth »Ja« zu Philip Mountbatten – er sagt auch »Ja« zu ihr. Und das Bemerkenswerte: Sie stehen noch heute zu ihrem Wort. Lothar Matthäus, Gerhard Schröder, Boris Becker und Liz Taylor haben das nicht annähernd geschafft. Der Bordeaux des Jahres 1947 ist von außergewöhnlicher Qualität, besonders der von St. Emilion und Pomerol – falls Sie sich nicht erinnern, der Rosenthaler Kadarka war sowieso lieblicher. In den Streitkräften der USA wird die Rassentrennung aufgehoben. Nur in den Streitkräften. Die Rassentrennung in Südafrika erreicht ihren Höhepunkt, und Paul Robeson singt: »Black And White, We'll Rebuild The World!«

1947 stirbt Al Capone – und Arnold Schwarzenegger wird geboren – es musste ja irgendwie weitergehen. In der sowjetischen Besatzungszone werden die volkseigenen Betriebe gegründet, auch der VEB Kartoffelveredlung Stendal, der unter anderem Tomatenketchup herstellte, den es fortan nur selten zu kaufen gab.

Ab dem 26.6.1948 wird Westberlin über die Luftbrücke versorgt. Ostberlin nicht. Tante Ella und Onkel Richard aus Westberlin verhübschen uns das Weihnachtsfest mit Dingen, die ich bis dahin noch nie sah, roch, trank und aß. Den Geruch dieser Pakete habe ich noch heute in der Nase. In der letzten Zeit kommen kaum noch welche. Dass die Volksdemokratische Republik Nordkorea 1948 gegründet wird, hat mich als Kind nicht weiter beunruhigt. Dass es sie heute immer noch gibt, beunruhigt mich schon. Im gleichen Jahr bekomme ich Blockflötenunterricht, und Otto Nuschke wird Vorsitzender der Ost-CDU – also Ost-Oberblockflöte. Blockflöten wurden nicht mein Ding, auch nicht als Musikinstrument. Der Bankier Joseph Ackermann wird 1948 geboren. Auch der Wucherer, Gerhard – ein Leichtathlet. Das war aber Zufall.

1949 kam einiges auf uns zu. Sepp Herberger wird Trainer der Fußballnationalelf. Die BRD wird gegründet. Die DDR wird gegründet. Und André Rieux wird geboren. Der Schlager des Jahres 1949: »Wer soll das bezahlen?«

1950 wird Walter Ulbricht Generalsekretär der SED, die Nationale Front gewinnt die Volkskammerwahl mit 99,7 Prozent – das war knapp! Ich komme in die Schule, und Willy Schneider singt: »Schütt die Sorgen in ein Gläschen Wein«.

Mit diesem Lied konnte ich als Sechsjähriger allerdings auch nicht viel anfangen. Eine Woche vor der Schuleinführung breche ich mir den rechten Arm, Elle und Speiche. Ich hätte sonst gar nicht gewusst, dass ich so was habe. Onkel

Hans kommentiert: »Gunther, das ist doch kein Beinbruch!« Erwachsene haben einen seltsamen Humor. Immer schon.

Ich wurde mit fünf Jahren eingeschult, weil ich schon ein ziemlicher Klugscheißer war. Später stellte ich erleichtert fest, dass allzu viel Klugheit dem frisch-fromm-fröhlichen Gesang nur im Wege ist. Frisch, weniger fromm, aber umso fröhlicher kommt 1950 Michael Jarys *Frühlingslied* daher:

»Mir ist so komisch zumute,
ich ahne und vermute,
heut' liegt was in der Luft …«

Übrigens: Wer den Frühling nutzt, hat im Herbst einen Lenz. Im August 1951 nimmt in Ostberlin die Musikabteilung der Staatlichen Kommission für Kunstangelegenheiten, kurz: StaKoKu, ihre Arbeit auf. In der Folgezeit wurde vor allem eine Masse von Massenliedern gefordert, gefördert und geschrieben, die die Masse aber massenweise nicht zur Kenntnis nahm. Die Leute sangen:

»Tiritomba«
»Tippi-tippi-tipso, so beim Calypso
wird dann alles wieder gut«
»Cindy, oh Cindy«
»Das machen nur die Beine von Dolores«
»Ganz Paris träumt von der Liebe«
»Weißer Holunder«
»Der Theodor«
»Schau mich bitte nicht so an«
»Pack die Badehose ein«
»Peter, komm heute zum Hafen«
»Auf Wiedersehen«

Das sind alles Titel, die von der Musikabteilung der Staatlichen Kommission für Kunstangelegenheiten, der StaKoKu, nicht zur Kenntnis genommen wurden. Nur die *Mary Ann* ging in allen vier Sektoren und auf allen Kanälen vor Anker und – unter. Die *Mary Ann* ging unter, und der Stern der klassenlosen Gesellschaft ging auf. Dennoch wurde ich 1951 von der ersten in die zweite Klasse versetzt. Die beliebtesten gesamtdeutschen Mädchennamen sind: Monika, Renate und Jutta; die beliebtesten gesamtdeutschen Jungennamen lauten: Wolfgang, Peter und Bernd.

1952 wird aus Prinzessin Elisabeth Elisabeth II., Königin von England. Der Mittelgewichtler Peter Müller schlägt während eines Boxkampfes den Ringrichter k.o. Das wäre auch heute im Einzelfall noch nachvollziehbar, wurde aber nicht ins Regelwerk aufgenommen. Chruschtschow wird Stalins Nachfolger. Chemnitz wird Karl-Marx-Stadt. Stalinstadt bleibt vorerst Stalinstadt. Ich bekomme eine Lederhose und einen Tirolerhut. Am 21.12.1952 wird die erste *Aktuelle Kamera* gesendet. Die Erkennungsmelodie klang wie »Tatü Tata«.

1953 schreibt Bertolt Brecht ein Gedicht. Es heißt: *Die Lösung*. Darüber hat die *Aktuelle Kamera* nicht berichtet, aber Suhrkamp hat's verlegt.

Der Neuseeländer Edmund Hillary bezwingt am 29.5.1953 als erster Mensch den höchsten Berg der Welt. Und ich huschele (auch »schlittern« oder »glennern« genannt) im selben Jahr mit meinen Igelit-Stiefeln den Schillerberg in Eisenberg bis vor unsere Haustür. Das sind über 200 Meter. Das hatte auch noch keiner vor mir geschafft.

1954 werde ich zehn, also zweistellig – und das bin ich heute noch. Ernest Hemingway bekommt den Nobelpreis. Meine Schwester lernt in der HO Verkäuferin. Deutschland wird Fußball-Weltmeister. Der SC Turbine Erfurt wird DDR-Meister, und Stahl Eisenberg steigt ab. An diesen Vorgang hatten wir uns aber gewöhnt. In Ostberlin wird der gesamtdeutsche Anglerverein gegründet, die Fischversorgung in der DDR bleibt davon unberührt.

UND: Laut Berechnung britischer Wissenschaftler der Cambridge-University ist der 11. April 1954 der bedeutungsloseste Tag des 20. Jahrhunderts. Da war wirklich nichts los.

Nicht mal in Los Angeles. Und in Eisenberg schon gar nicht. Wahrscheinlich war es aber nur die Ruhe vor dem Sturm, denn am 12. April gab es einen Urknall: Bei Decca-Records sang Bill Harley erstmalig *Rock Around the Clock*. Das war der Welthit 1954. Der deutsche Superhit des Jahres 1954 war *Am 30. Mai ist der Weltuntergang.*

Übertriebenen Optimismus konnte man uns Deutschen noch nie nachsagen. Übrigens, es gibt kaum einen Termin auf der Welt, der so oft verschoben wurde wie der Weltuntergang. Gott sei Dank.

Eine Frauenrechtlerin des britischen Unterhauses legt sich während einer Rede des Premierministers Winston Churchill mit ihm durch folgenden Zwischenruf an: »Wenn ich mit Ihnen verheiratet wäre, würde ich Ihnen Gift in den Tee tun!« Darauf er: »Wenn ich mit Ihnen verheiratet wäre, würde ich ihn auch trinken!«

Am 5. April 1955 tritt Winston Churchill aus gesundheitlichen Gründen zurück. Vielleicht hat er ja doch vom Tee getrunken. Jedenfalls heißt es in einem Schlager der Zeit so: »Mit 'nem Teelöffel Zucker nimmst du jede Medizin.«

Adenauer holt 1955 die letzten Kriegsgefangenen heim. Vater ist nicht dabei. Mutter stirbt. Meine Schwester wird meine Mutter, und mein Schwager wird mein Vater. Sie verhindern so, dass ich in ein Waisenhaus komme. Die Welt nimmt Abschied von James Dean und Albert Einstein.

1956: In der Politik gibt's wieder kaum Erfreuliches. Die wichtigsten Ereignisse aus meiner Sicht: Das Musical *My Fair Lady* wird uraufgeführt, und Heinz Erhardt bringt uns zum Lachen. Alfred P. Doolittle ist der Müllkutscher, und Heinz Erhardt schreibt den Chor der Müllabfuhr:

> »Kommt, lasst von Tonne zu Tonne uns eilen
> Wir woll'n dem Müll eine Abfuhr erteilen.
> Auf, machen wir, dass jede Tonne sich leere,
> denn wir sind dazu da, wir sind Müllionäre!«

Zwickau wurde einst durch Robert Schumann berühmt. 1957 lief in Zwickau der erste P 50 vom Band, später auch Trabant genannt. Wenn man 14 Jahre auf ihn warten musste, war sein Erscheinen wie eine Träumerei. Seine Besitzer entwickelten über die Jahre ein inniges Verhältnis zu ihm. Nur so sind die vielen Kosenamen zu erklären:

Trabbi
Rennpappe
Gehhilfe
Asphaltblase
Plastikbomber
Arbeiter-und-Bauern-Mercedes
Überdachte Zündkerze

Einige wenige sagten:

Wagen

Unser Nachbar sagte zu ihm:

Mei Kleener

Auto nannte ihn keiner.

Unserer hieß:

Rudi.

Einen Blick sollte jeder einmal auf die Mona Lisa von Leonardo da Vinci im Louvre in Paris werfen. 1957 wirft einer einen Stein auf sie. Sie nahm es lächelnd hin, und Louis Prima sang: »Buona Sera, Signorina«.

1959: Mittlerweile haben wir keinen Volksempfänger mehr, sondern ein Radio aus Holz mit einem Magischen Auge vom VEB Sachsenwerk aus Dresden Niedersedlitz. Früh, vor der Schule, höre ich AFN: »This is the voice of America – transmiddle Munich …!«, nachmittags das Kinderhörspiel von »Stimme der DDR« und abends den *Verwunderten Zeitungsleser* vom Londoner Rundfunk. Aber auch Jazz- und Schlagersendungen im RIAS, zum Beispiel *Schlager der Woche* mit Fred Ignor. Erster Schwips durch allzu reichlichen Genuss von Pfefferminzlikör. Übelkeit durch Zigaretten der Marken

»Salem«, »Casino« und »Turf«. Am Lagerfeuer singe ich zur Gitarre. Meine Kumpels klopfen mir auf die Schulter, und die Blicke einiger Klassenkameradinnen verunsichern mich wohltuend. Ich wusste bloß noch nicht so recht, was sie wollen. Cliff Richard sang: *Rote Lippen soll man küssen* – das war hilfreich. Dieser Aufforderung kamen später auch Erich Honecker und Leonid Breschnew nach. Das war aber ein Missverständnis.

1960: Armin Hary läuft die 100 Meter in 10 Sekunden, und ich geh ich die 10. Klasse. Kennedy wird Präsident, und ich liebe seine Frau. Für eine Affäre mit ihr fehlen die Voraussetzungen, die bei Chruschtschows Frau Nina gegeben waren. Aber ich unternehme nichts. Ingrid Krämer aus Dresden wird Doppelolympiasiegerin. In die bin ich auch verliebt. Ebenso in die amerikanische Doppelolympiasiegerin Wilma Rudolph, genannt »Die schwarze Gazelle«, in Brigitte Bardot sowieso, aber auch in Gina Lollobrigida, Eva Maria Hagen, Nadja Tiller, Sophia Loren, Milène Dumongeaut, Grace Kelly und Tatjana Samoilowa … um nur einige zu nennen. Ich hätte damals Frauen haben können – wenn die nur gewollt hätten …

Mit der Klasse und mit der Reichsbahn sind wir 1960 vom ostthüringischen Eisenberg nach Ückeritz auf die Insel Usedom gefahren. 22 Stunden. Es war die längste und die schönste Zugfahrt meines Lebens. Der erste dreistündige Aufenthalt war 20 Kilometer hinter Eisenberg – in Jena am Paradies-Bahnhof. Im Paradies habe ich das erste Mal Händchen gehalten – mit Sabine. Es war paradiesisch.

Die restlichen 19 Stunden vergingen wie im Fluge, obwohl wir doch mit der Reichsbahn unterwegs waren. In Jüterbog hatten wir den längsten Aufenthalt. Ich habe diesen eigentlich sehr hässlichen Bahnhof in wunderschöner Erinnerung. Es gibt Situationen im Leben, da spielt die Umgebung überhaupt keine Rolle.

Wenige Tage danach stand wenige Augenblicke vorm ersten Höhepunkt meines Lebens im 2–3-Mann-Zelt in Ückeritz auf Usedom der Biologielehrer vor der Zeltwand und fragte: »Was macht ihr denn da?« Er hätte es wissen müssen. Die Zeltplatzbeschallung spielte gerade: *Wir wollen niemals auseinandergehen!*

Und auch wir schworen uns, uns ein Leben lang zu lieben. Ich bekam ein Bild von ihr, auf dem stand: »Ewig. Deine Sabine!« Diese Ewigkeit dauerte sechs Wochen. Dann kam einer mit 'ner 350er Java – und weg war sie. Ich fand Trost bei Tom Dooley, denn dem war's noch schlimmer gegangen:

»Alles vorbei, Tom Dooley!
Noch vor dem Morgenrot
Ist es gescheh'n, Tom Dooley!
Morgen, dann bist du tot!«

Meine erste Band heißt »The Musicmakers«, muss sich aber umbenennen in »Hans-Bürger-Combo«. 60 Prozent DDR-Schlager sollten wir spielen – haben wir aber nicht. 500 Mark Strafe für den Jailhouse-Rock waren eine Menge Geld. Jury Gagarin und das HB-Männchen fliegen in die Luft. Allen Shepard fliegt hinterher. Ich fliege aus der Schule und Stalin aus dem Mausoleum. Der neue Bildungsweg hieß jetzt Berufsausbildung mit Abitur. Der Beruf war Betonbauer.

Ulbricht gab an, Möbeltischler gewesen zu sein, aber eigentlich war er Maurer. Das wurde am 13. August 1961 deutlich. Bis zum 12. August war ich bei Tante Ella und Onkel Richard in Westberlin. Ich hab sie nie wiedergesehen. Sie waren zu alt zum Reisen, und ich durfte nicht mehr hin.

1961 haut der ostdeutsche Radfahrer Manfred Weißleder den sowjetischen Radfahrer Juri Melichow während der Friedensfahrt mit der Luftpumpe. Wir hau'n uns auf die Schenkel. Anfang der 60er-Jahre sind wir ansonsten Halbstarke wie Halbstarke überall auf der Welt: Sehnsüchte und Flausen im Kopf, Sex und Rock 'n' Roll aus dem Transistorradio. Der erfreulichste Engpass: Es gab keine Drogen. In der westlichen Hemisphäre gab's auch Engpässe. Zum Beispiel gab's kein Bier auf Hawaii, aber das war nicht unser Problem. In dieser Zeit beginnt die Stasi eine Akte über mich anzulegen. Ein Foto ist die erste Seite dieser Akte: Ich stehe vor der Haustür des elterlichen Hauses in Jeans, Campinghemd und Campingschlips und habe den verlorenen Blick eines 17-Jährigen, der auf der Suche nach dem Sinn des Lebens ist. Auf einer konspirativen Spritztour mit einem P 50 versucht ein Mitarbeiter der Stasi, mich zur Mitarbeit zu überreden. In meiner Akte las ich 1993 dazu: »Der Emmerlich versuchte in dem Gespräch, mich von seiner Sicht der Dinge zu überzeugen, und ist somit für eine informelle Mitarbeit ungeeignet.« Es gibt negative Beurteilungen, die positiver nicht sein können.

Am 1.1.1962 machen die Beatles erste Probeaufnahmen in London und werden mit der Begründung abgelehnt, dass Gitarrengruppen nicht mehr modern seien. Gelegentlich war der Trugschluss auch im Westen nicht nur ein musikalischer Fachausdruck. 1962 werde ich 18 Jahre alt, also volljährig, reiselustig und wahlberechtigt. Alles Eigenschaften, mit denen man in der DDR nicht viel anfangen konnte.

1963 erbeuten englische Posträuber umgerechnet 30 Millionen D-Mark. Wir rechnen das sofort in Ostmark um und sind voller Bewunderung. Wenn meine kriminelle Energie ausgereicht hätte, hätte ich die Eisenberger Bank für Handwerk und Gewerbe überfallen und Sabine einen Wartburg Sport gekauft. Da hätte der mit seiner 350er Java aber alt ausgesehen! Meine sängerischen Veranlagungen waren offenbar größer, und so sang ich, nach der Hans-Bürger-Combo in Eisenberg, bei Studio 64 in Lobenstein, Swingtett 69 in Jena (69 war die Postleitzahl von Jena) und bei der BS-Combo in Weimar. Erst gab's fünf Mark die Stunde, später 7,50 Mark. Sabine ist mittlerweile in eine F9-Limousine aufgestiegen, und ich leihe mir die ausgeleierte 175er Java meines Schwagers, allerdings ohne sein Wissen. Mit dieser und mit wechselten Motorbienen knatterte ich drei Jahre zur Ingenieurschule für Bauwesen nach Erfurt. Peter Kraus sang die Begleitmusik. *Motorbiene.*

In Erfurt und im nahe gelegenen Weimar gehe ich oft ins Theater und ins Konzert. Dies und auch ein Auftritt von Louis Armstrong in der Thüringenhalle im April 1965 haben mich mehr beeindruckt als die Betonschule. Er sang unter anderen *Mac, the Knife*, *Hello Dolly* und *How High the Moon*. Aber *What a Wonderful World* hat mich am meisten beeindruckt. Dieser sanfte Titel mit Armstrongs einmalig rauer Stimme hat mich zutiefst berührt.

1967 singe ich in Weimar an der Musikhochschule »Franz Liszt« vor. Der Leiter der Opernschule, der altehrwürdige Professor Hinsenbrock, sagt nach dem Vorsingen: »Selbst wenn Sie nur Chorsänger werden, sind Sie mit Ihren 1,93 Meter immer noch eine herausragende Persönlichkeit.« Wieder so ein Humor, mit dem man nicht viel anfangen konnte. Dass es nach dem Studium gleich als Solist nach Dresden ging, macht mich heute noch stolz. In den Sechzigern höre ich ansonsten nicht nur Bach und Mozart, sondern auch die Beatles, die Stones, die Rattles, die Lords, die Sputniks und die Monkeys. Das war die Musik, die unseren Beifall fand. Auch die Parteitage der SED wurden immer wieder durch stürmischen Beifall unterbrochen. Manchmal stand im *Neuen Deutschland*: »Heiterkeit«, wenn's ganz ausgelassen zuging, stand da: »Große Heiterkeit«.

Diese Heiterkeit hatte so gar nichts Ansteckendes. Wir lachten über andere Dinge. Zum Beispiel darüber: Ein Flugzeug der DDR-Fluggesellschaft Interflug soll laut Flugplan von Berlin nach Prag fliegen. Das Flugzeug wird entführt und landet in Rom. Die Entführer schicken ein Telegramm an die Partei- und Staatsführung der DDR mit folgendem Inhalt: *Wir verlangen 1 Million D-Mark, oder wir lassen die Geiseln frei.*

Während der Studienzeit arbeite ich als Kellner und Barkeeper. Die Preise sind mir noch heute geläufig. Die DDR hatte billigen Schnaps und teure Genossen.

1969 landen die Amis auf dem Mond, und Walter Ulbricht besucht einen Kindergarten. Die *Aktuelle Kamera* war live dabei. Ulbricht betritt den Kindergarten und sagt zu den Kleinen: »Ihr seid also die Kinder, ja?!« Das waren noch markige Sätze. Jahre zuvor hatte er gesagt: »Niemand hat die Absicht, eine Mauer zu errichten.« Heute würde er sagen: »Niemand hat die Absicht, einen Flughafen zu bauen.«

1972 geht Mark Spitz in München baden und gewinnt dabei sieben Goldmedaillen. Und ich die Erkenntnis, dass es noch ein weiter Weg ist vom Absolventen einer Musikhochschule zum richtigen Opernsänger. Meine 1. Rolle ist der 2. Gefangene in Beethovens *Fidelio*. Das Lampenfieber war bedeutend größer als die Rolle, aber der wenige Text war durchaus zeitgemäß:

»Sprecht leise, haltet euch zurück –
Wir sind belauscht mit Ohr und Blick.«

Der Deutsche Fernsehfunk wird in »Fernsehen der DDR« umbenannt. Die Deutsche Reichsbahn bleibt »Deutsche Reichsbahn«. Die »Königsberger Klopse« verschwanden mehr und mehr von der Speisekarte, auch, weil es gelegentlich an Kapern fehlte. 1973 wird Dean Reed eingebürgert. 1976 wird Wolf Biermann ausgebürgert. Es war ein Kommen und Gehen. Wobei das Gehen überwog.

Nach einer ersten Probe an der Staatsoper in Dresden stehe ich an der Straßenbahnhaltestelle Postplatz und werde unfreiwillig Zeuge eines Gesprächs zweier hübscher junger Dresdnerinnen, die sich offenbar über eine nicht anwesende Dritte unterhalten. Da sagt die eine: »Wenn die ä bissel was aus sich machen dät, das wär 'ne Kersche, wie Sau!« … Da wollte ich abreisen. Am nächsten Tag stehe ich wieder dort, und eine Dresdner Dame sagt zu einer anderen Dresdner Dame:

»Wenn de Grokusseln bliehn, isses in Dräsdn so scheen wie in Wien ...!« Da beschloss ich zu bleiben. Zunächst war ich im Opernstudio und wurde dann ins Ensemble übernommen. Die Gage im Opernstudio betrug 450 MDN. »Wenn ich einmal reich wär'« war schon damals nicht nur ein schönes Lied, sondern auch ein frommer Wunsch.

Das Musical *Der Fiedler auf dem Dach* wird 1964 auf dem Broadway uraufgeführt. Die DDR-Erstaufführung inszenierte Walter Felsenstein 1971 an der Komischen Oper in Ostberlin. Ich habe den Tevje mittlerweile fast 700 Mal gesungen, und nie ist mir das Stück langweilig geworden. Weder in seiner Tragik noch in seinem Humor. Der jiddische Humor ist sowieso der sympathischste Humor der Welt. Von wegen »Wenn ich einmal reich wär'« ... Wie sagte Ephraim Kishon: Geld allein macht nicht glücklich. Man braucht auch Schmuck, Häuser und Wertpapiere.

In der DDR gab's zwar mehr Engpässe als Reisepässe, aber eines hatten wir im Überfluss: Ehrentage für die verschiedenen Berufsgruppen. Es gab unter anderem:

Tag der Volkspolizei
Tag des Gesundheitswesens
Tag des Lehrers
Tag des Ministeriums für Staatssicherheit
Tag der Leichtindustrie
Tag der Schwerindustrie
Tag des Bergmanns
Tag des Bauarbeiters
Tag der Wasserwirtschaft
Kindertag
Frauentag

Muttertag gab's nicht. Vatertag gab's auch nicht. Beides wurde aber unter Ausschluss der Partei- und Staatsführung heftigst gefeiert. Auftrittsmöglichkeiten boten die zahlreichen Feiertage en masse. Und so habe ich am Anfang meiner Karriere bedeutend mehr Auftritte in Kulturhäusern, Betriebskantinen und Dorfgasthöfen als in der Oper. Einige kabarettistischen Gedichte von damals haben erstaunlicherweise nichts von ihrer Aktualität verloren: Wie zum Beispiel das folgende:

Im Tierpark flog mit viel Geschrei
ein schöner bunter Papagei
just hin zu jenem Freigehege,
in denen Esel stehn, müd und träge.

»Ihr seid«, spricht er, »recht unbegabt,
weil ihr zwar eine Stimme habt,
doch richtig reden könnt ihr nicht,
ein Papagei dagegen spricht!«

Ein Esel wandte sich ihm zu
Und sprach: »Mein Freund, was weißt denn du?
Dein Vorwurf trifft bestimmt nicht jeden,
was glaubst du, wie viel Esel reden?«

Mitte der 70er-Jahre saß ich wegen Widerstands gegen die Staatsgewalt drei Wochen in U-Haft. Da hab ich acht Kilo abgenommen. Das ist mir in Freiheit nie gelungen. Es war nicht alles schlecht …

1982 wurde ich dann Reisekader, nachdem ich mir ein Weib genommen, ein Haus gekauft, eine Tochter adoptiert und einen Sohn gezeugt hatte – es also deutliche Zeichen meiner Sesshaftigkeit gab. Und Reisender bin ich immer noch. Ich liebe es, wenn der Vorhang aufgeht – auch wenn er fällt – denn das Bier danach schmeckt unvergleichlich. Irgendwann fällt der letzte, doch der Fall der Mauer war das Größte. Mitterrand, Andreotti und Frau Thatcher waren gegen die Einheit, ich war dafür. Und ich habe mich durchgesetzt. Auch das

Fernsehen unterstützte meine Reiselust. Die Sendung *Zauberhafte Heimat* war für mich eine kostengünstige Gelegenheit, mich im Lande und darüber hinaus umzusehen. Wenn man sich unter das Volk mischt, ist Volksmusik ein guter Begleiter. Um das deutsche Volkslied hat nicht mal Elvis Presley einen Bogen gemacht. Ich finde, ein Volk, das seine Volkslieder verleugnet, nimmt Schaden an seiner Identität. Ein Doofer, der sich gegen die Volksmusik äußert, wird dadurch nicht automatisch zum Intellektuellen …, und einem Intellektuellen, der Volksmusik mag, wird nicht zwangsläufig der akademische Titel aberkannt. *Das Ännchen von Tharau* und *Der Mond ist aufgegangen* gehören zum Schönsten, was unsere Vorfahren hervorgebracht haben. Wir sollten nicht nur unsere Autos pflegen, sondern auch solche Lieder.

Jetzt machen wir's kurz, sonst wird's zu lang. Ach so, fünf Jahre *Showkolade* – ich glaube, es war die richtige Sendung am richtigen Ort zur richtigen Zeit und – mit Verlaub – mit dem richtigen Moderator. Auch war es mir eine große Ehre und ebensolche Freude, zehn Jahre lang den SemperOpernball moderiert zu haben. Und irgendwann ist immer wieder Zeit für neue Pläne. Und über die gackert man nicht, über die schreibt man nicht, die erfüllt man sich – und seinem Publikum.

Also, bis bald.

36

ICH DACHTE, ICH BIN FERTIG

Als ich die vorliegenden Geschichten abgab, dachte ich, ich bin fertig. Der Verleger hatte eine andere Sicht der Dinge und meinte, ich möge noch ein paar Seiten schreiben. Also gut. So schreibe ich etwas, was ich eigentlich gar nicht schreiben wollte. Da ich's aber schreiben sollte, bin ich nicht sicher, dass ich es auch könnte, wenn ich es müsste, und ich sollte ja. So hoffe ich, dass es mir gelänge. Ich mag den Konjunktiv. Bei der nächsten Konjunktur sollte der Konjunktiv mehr Berücksichtigung finden. Das könnte mir gefallen, wenn es denn geschähe. Ich dächte, *das* könnte Sie z.B. interessieren:

Boulevardjournalisten sind permanent bemüht, über mich und meine Frau etwas zu erfahren, da wir uns vor geraumer Zeit eine Ehe-Auszeit genommen haben. Ich wimmle sie immer mit den Worten ab: »Da gibt es keine Wasserstandsmeldungen.« Ihnen kann ich's ja sagen. Wir verstehen uns großartig. Ich habe gerade mit ihr telefoniert. Wir sprachen übers Theater, über unsere Kinder und Enkel und über fehlende Seiten in einem Buch. Wir haben lange und lustig miteinander gesprochen, und ich dachte, nachdem das Gespräch beendet war: Lieber einträchtig unter zwei Dächern als Zwietracht unter einem Dach. Neulich habe ich sie wieder mal besucht. Blumen und Kuchen hab ich mitgenommen. Ich hatte vergessen, dass sie weder Blumen noch Kuchen mag. Bis auf diesen Fauxpas war es ein harmonischer Nachmittag. Und lustig war's auch. Das dazu. Erzählen Sie das bitte nicht Boulevardjournalisten, wer weiß, was die draus machen.

Eine immer wieder gern gestellte Frage: Wie lange wollen Sie noch arbeiten? Auch da gibt es keine seitenfüllende Antwort. So lange wie möglich. Ein Detail vielleicht noch: Wenn mir die Arbeit zu viel Arbeit macht, höre ich auf. Vielleicht aber nicht mal dann. Erst wenn ich das Echo nicht mehr höre, entweder, weil ich nichts mehr höre oder weil es nichts mehr zu hören gibt, oder beides, dann könnte man darüber nachdenken, irgendwann aufzuhören. Wenn die Arbeit keine Freude mehr macht, dann höre ich wirklich auf. Das kann aber dauern. Zu diesem Thema war's das erst mal.

Noch so 'ne Frage: Was war Ihnen besonders peinlich? Auch diese Antwort bringt mich, was die Länge des Buches anbelangt, nicht wirklich voran: Es ist mir äußerst peinlich, dass ich die ersten Jahre meines Lebens in die Hose gemacht habe. Monatelang. Das ist mir immer noch sehr peinlich. ... und als mir mein Verleger sagte, dass da noch Seiten fehlen. Da wurde ich verlegen. Peinlich.

Eine immer wiederkehrende Frage: Wer hätten Sie in der Geschichte der Menschheit sein wollen? Niemand, denn da wäre ich schon tot. Ich wünschte mir lieber viele Gründe, um fröhlich zu bleiben, um mich dann irgendwann – hochbetagt – totzulachen. Das wär's.

Welche Frau hätten Sie gerne kennengelernt? Frauen sind das Größte und Schönste. Betörend rätselhaft und bezaubernd geheimnisvoll. Ein kluger Mann sagte, man kann die Schönheit einer Rose nicht erklären, indem man sie zerpflückt. Entblättern wäre wieder was anderes.

Was lesen Sie gerade? Gar nichts. Ich schreibe die fehlenden Seiten, damit mein Verleger endlich Ruhe gibt.

Was sehen Sie im Fernsehen am liebsten? Buchbesprechungen über Bücher, die lang genug sind. Über kurz oder lang wird auch dieses Buch lang genug sein.

Auf die Frage nach meiner Lieblingsfarbe habe ich mich schon vor Jahrzehnten festgelegt: Grün. Nachdem ich zum wiederholten Male die entsprechende Frage wahrheitsgemäß beantwortete, sagte mal ein Journalist: »Sie antworten auch immer dasselbe.« Soll er doch ein Chamäleon fragen!

Da fällt mir ein, über Dresden könnte ich viel Schönes schreiben. Ein Dichter schrieb einst, dass die Elbe sich deshalb so kurvenreich durch die Stadt schlängele, weil sie den schönen Ort nicht verlassen möchte. Wenn ich Dresden verlasse, um Gott weiß wohin zu fahren, schlängele ich mich auch durch die Stadt und frage mich oft, warum ich nicht bleibe. Dresden mutet mir an wie ein betörendes Ölgemälde, das obendrein außen herum auch noch einen prächtigen Rahmen hat. Egal in welcher Richtung man die Stadt verlässt, es gibt nur Schönes zu entdecken: das Elbsandsteingebirge, das Erzgebirge, Meißen, Weinberge, Moritzburg, Pillnitz und andere Schlösser und Burgen. Den Dialekt, den man dort spricht, nannte Goethe lieblich. Da er aus Hessen kam, sollten wir das ernst nehmen. Drežďany hieß die ursprünglich slawische Siedlung einst. Sumpfiges Gebiet.

Wie ich jetzt auf Pegida komme, weiß ich auch nicht, aber meine eigentlich optimistische Sicht auf die Welt, Europa, Deutschland und Dresden hatte immer schon ein paar Risse und Kratzer. Dass auch in der Demokratie die jeweilige Regierung nicht immer Anlass zu Jubel und Beifall gibt, ist eine Binsenweisheit. Es ist sicher manchmal mühselig, mit den Wählern, Nichtwählern und Gewählten eine Legislaturperiode durchzuhalten, aber das gehört zu den demokratischen Grundregeln. Regierungsumbildungen und Neuwahlen sind die Ausnahmen. Dass man in der Demokratie gegen alles Mögliche und alles Unmögliche demonstrieren kann, ist ein gutes Recht und ein hohes Gut. 1989 hatten wir das Recht noch nicht, aber wir haben es uns genommen, und ich bin froh, dabei gewesen zu sein. Als es dann unser demokratisches Recht war, demonstrieren zu dürfen, demonstrierte ich für und gegen manches. Vor allem gegen Gewalt von rechts und links. Das werde ich auch weiterhin tun. Spazieren gehe ich meist sonntags. Daraus würde ich aber nie ein Dogma machen. Manchmal gehe ich auch mittwochs. Wenn Montagsspaziergänger Parolen, Leitmotive und Verunglimpfungen aus der braunen und der roten Diktatur eins zu eins verwenden, ist das schlicht und einfach unanständig. Sie tun so, als sei die demokratische Arena nicht groß genug, um sich Gehör zu verschaffen. Gegenargumente muss man in Kauf nehmen und sich ihnen stellen.

Sicher gibt es auch in der Demokratie manch Lüge in der Presse, aber Lügenpresse gab es bei den Nazis und bei den Kommunisten. Sie haben behauptet, dass die Presse in demokratischen Ländern eine Lügenpresse sei. Das haben wir Gott sei Dank hinter uns. Statt braunen oder roten Einheitsbreis haben wir jetzt Vielfalt. Anstand und Respekt sollte über jeder Auseinandersetzung stehen. Meinungsverschiedenheiten sind normal, und es sollte auch normal sein, kultiviert miteinander zu streiten. Gesprächsbereit einer großen Menschenmenge gegenüber sollte man immer bleiben, selbst wenn diese Menge sich zeitweilig verschließt.

Auch in der medialen Beurteilung dieser Montagsspaziergänge fehlt es oft an Respekt gegenüber den Sachsen und speziell den Dresdnern. Wenn von 2.000 Demonstranten 1.000 aus Dresden sind, sind das grade mal ein 1/500 der Dresdner Bevölkerung. Wenn in diesem Zusammenhang einige Journalisten behaupteten, dass dort – in Sachsen und speziell in Dresden – offenbar nur Schwachmaten wohnen, ist das eigentlich Rassismus. Auch unerträglich. Gewalt und dumpfe Parolen sind mir suspekt, aber Themen, die auf dem Tisch sind, sollten besprochen und nicht tabuisiert werden, damit nicht andere ihr Süppchen drauf kochen. Wir kriegen sonst bei den nächsten Wahlen die ungewollte Rechnung, denn Wahlen sind geheim, und in der Wahlkabine ist jeder Wähler allein.

Einer, der aufgrund eines fragwürdigen Verhaltens als Pack bezeichnet wird und dessen – wie auch immer berechtigte – Fragen weggebügelt werden, wird nicht wie ein Demokrat reinsten Wassers wählen. Im Übrigen, wenn einer, dessen Meinung ich ansonsten nicht teile, sagt, 2 x 2 = 4, sollten wir nicht automatisch widersprechen. Meinungen müssen wir generell ernst nehmen, gerade wenn wir der Meinung sind, dass die Meinungen abwegig sein könnten. Vielleicht finden wir ja manchmal sogar ein Fünkchen Wahrheit in dieser vermeintlich abwegigen Meinung. Leute, die schnelle Lösungen für komplizierte Probleme versprechen, machen mich immer skeptisch. Gesprächsbereit müssen wir dennoch bleiben, denn mit Parolen wie »Nazis raus« oder »Da geh doch nach Nordkorea« ist nichts getan. Wenn ich jetzt immer wieder vom »WIR« geschrieben habe, meine ich natürlich WIR Demokraten. Da fühlen Sie sich doch sicher angesprochen.

Anfang 2015 hat mir ein langjähriger Tischtennissportfreund folgende SMS geschickt: *Hallo Gunther! Habe keine Lust mehr mit Dir Tischtennis zu spielen. Gutmenschen geh'n mir tierisch auf den Sack. War aber eine schöne Zeit. Grüße, S.*

Meine Antwort habe ich auch noch gespeichert: *Habe nicht gewusst, dass Dir Schlechtmenschen lieber sind. Ich benutze dieses Menschenbild übrigens nicht, aber als Reaktion auf Deine schlichte Sicht der Dinge lass ich mir das mal durchgehen. Ich finde es traurig, dass ich Dir nicht mal ein letztes Gespräch wert bin. Schade. Gunther*

Dann schwieg er, spielte nicht mehr Tischtennis mit mir, sondern ging mit Bachmann montags spazieren. Ich habe ihn seither nicht mehr gesehen. Es gäbe so viel zu besprechen. Er hat zugemacht. Ich bleibe offen. Es gibt viele Dinge, die mich sprachlos machen. Aber schreiben kann man ja mal drüber. Zumal wenn noch Seiten fehlen. Und nicht nur deshalb.

2015 habe ich bei den Opernfestspielen in Bad Hersfeld den Ollendorf in Carl Millöckers *Der Bettelstudent* gesungen. Großer polnischer Chor, großartiges tschechisches Orchester. Die Solisten kamen aus aller Herren und Damen Länder. In der Stadt wohnten vergleichsweise viele Frieden suchende und friedliche Migranten. Einer stand mit seinem Auto auf einer schmalen Zufahrt zur Stiftsruine. Ich stand hinter ihm und kam nicht weiter. Weil ich pünktlich zu meiner Probe kommen wollte, erlaubte ich mir nach einer Weile zu hupen, um auf mich aufmerksam zu machen. Er blieb stehen. Nach geraumer Zeit kam ein Auto von vorn. Jetzt räumte er die verstopfte Einfahrt, und das Problem war gelöst. Nachdem ich mein Auto geparkt hatte und er auch das Seine, ging er aufgebracht mit einem Hund an der Leine hinter mir her und beschimpfte mich in arabisch gefärbtem Deutsch in übelster Weise. Irgendwann sagte er: »Sei froh, dass du bei uns singen darfst …« Ich fragte ihn, was er eigentlich von mir wolle und warum er die Einfahrt so lange blockiert habe. Darauf er: »Noch ein Wort, und du hast Messer in Rücken!« Da bekam ich es mit der Angst zu tun und ging hilflos schimpfend zu meiner Probe. Ich weiß nicht, was der Mann jetzt macht und wo er was macht, aber ich habe noch immer Angst vor ihm. Ich bitte, dass man dieses Gefühl ernst nimmt. In das optimistische, zupackend sympathische Kanzlerwort »Wir schaffen das« bitte ich dies mit einzuschließen.

Die Regenschirme von Cherbourg war ein bezaubernder Film voller Schönheit, Melancholie, Trauer und Musik. Ein Film aus dem Jahre 1964. Wegen dieses Filmes bin ich irgendwann nach 1989 nach Cherbourg gefahren und habe mir als Andenken einen Schirm mitgebracht.

Die ganz junge und damals schon schöne Catherine Deneuve spielte die weibliche Hauptrolle, und als ich sie Jahrzehnte später beim SemperOpernball in Dresden kennenlernen durfte, konnte ich es mir nicht verkneifen, sie auf den Film anzusprechen. Ich machte ihr Komplimente wie ein Teenager, der ich ja war, als ich den Film das erste Mal sah. Um deutlich zu machen, wie anhaltend der Film mich beeindruckte, sang ich ihr auch noch das Leitmotiv vor, und sie schaute mich dabei huldvoll lächelnd – wie es nur eine Diva kann – an. Sie sagte leise und gütig: »Merci.« Und der Opernball hatte für mich seinen ganz besonderen Höhepunkt. Irgendjemand versuchte uns ausgiebig vorzustellen, aber das hat sie dann schon nicht mehr so interessiert. Ich hatte ja noch den Schirm als Andenken an Cherbourg und nun auch an Catherine Deneuve. Der wurde mir allerdings eines Tages geklaut. Der Film und Catherine Deneuve haben offenbar viele beeindruckt. Ein Grund, wieder mal nach Cherbourg zu fahren.

Apropos Schirm. Mit dem Wort »Schirmherrschaft« konnte ich in jungen Jahren nicht viel anfangen. Auch Sprache entschlüsselt sich im Detail erst mit den Jahren. Dass man nicht nur einen Kanzler abkanzeln kann und ein Generalsekretär nicht der Chef von vielen Sekretärinnen ist, begriff ich erst mit der Zeit. Sonst wäre ich vielleicht nicht Sänger, sondern Generalsekretär geworden. Es gibt vieles auf der Welt, was selbst der Klügste nicht versteht, das tröstet. Vielleicht entschlüsselt sich manches noch.

Ein Schirmherr oder eine Schirmdame ist jedenfalls jemand, der mit seinem Namen und seinem Engagement etwas voranbringt. Das können sanierungsbedürftige Kirchen, denkmalgeschützte Häuser und vieles andere sein. Wer eine solch ehrenvolle Berufung erhält, ist meist selbst schon im sanierungsfähigen Alter. Ich habe mittlerweile das Alter, wo hilfebedürftige Projektleiter denken: Der hat sicher Zeit und ist auch nicht ausreichend behindert, um das Ehrenamt zu übernehmen. Der hat auch schon mal hie und da geholfen – das ist unser Mann. Das denken viele, und so bin ich hilflos den Hilfesuchenden ausgeliefert und möchte manchmal um Hilfe bitten, mir bei der Hilfe der Hilfebedürftigen zu helfen. Im Übrigen habe ich weniger Zeit, als die denken. Aber im Rahmen meiner Möglichkeiten zu helfen ist für mich eine Selbstverständlichkeit. Es gibt Menschen, die beim Anblick morbider Häuser sagen: »Hier müsste auch mal wieder was gemacht werden.« Mit dieser Bemerkung ist noch nichts gemacht, aber eine Schirmherrschaft könnte die Sache voranbringen. Schließen Sie sich einem Schirmherrn an, oder übernehmen Sie selbst eine solche Herrschaft. Wie gesagt, den Schirm von Cherbourg ham se mir geklaut.

Schirmherrschaften habe ich einige angenommen. Sie sind was Bleibendes, auch dann noch, wenn das Werk schon längst vollendet ist. Und gerade dann. Und irgendwas für die Ewigkeit will der Mensch doch tun. Der Sänger kann den langen Ton noch so lange halten, für die Ewigkeit reicht's nicht. Wenn Sie z.B. auch so einen Beruf haben, bei dem man nach der Arbeit auf nichts verweisen kann – da gibt's ja 'ne Menge –, verewigen Sie sich als Schirmherr oder unterstützen Sie ein Projekt, wo Sie immer schon dachten: Hier müsste auch mal was gemacht werden.

Ich engagiere mich seit Jahrzehnten für die Denkmalpflege, aber auch für Kindereinrichtungen, habe Patenkinder in der Dominikanischen Republik und Kambodscha. Das hilft nicht nur, sondern verschafft auch ein gutes Gefühl, und da es heißt: »Tue Gutes und rede drüber«, schreibe ich drüber, damit andere auch dieses gute Gefühl bekommen. Bei den Kirchen, wo ich helfe, ragt natürlich die Stadtkirche in Wittenberg heraus. Für einen evangelischen Christen ist und bleibt es die Urkirche, in der Martin Luther das erste Mal evangelisch predigte. Seine musikalische rechte Hand Johann Walter wurde im ostthüringischen Kahla geboren. In seiner dortigen Geburtskirche fehlt es ausgerechnet an der Orgel. Da war es leicht, mich zum Schirmherrn eines Orgelprojekts zu überreden. Selbstverständlich bin ich der Schirmherr für die Generalsanierung unserer Kirche auf dem Weißen Hirsch in Dresden.

Weinbotschafter vom Saale-Unstrut-Weinanbaugebiet und Ehrenbraumeister vom Brauhaus Freiberg sind ein ander Ding. Macht aber auch Spaß.

*

Meine Schwester ist gestorben. Ein Leben lang war ich ihr Kind, Bruder und Freund. Sie erzog mich von Anfang an und hat damit auch nie aufgehört. Auch als ich wegzog und mich somit ihr entzogen hatte, erzog sie mich weiter. Mütter bleiben Mütter, auch wenn das Kind schon in Rente ist. Bei Schwestern, die die Mutterrolle mit Verantwortung, Fürsorge und Entbehrung übernommen haben, ist es nicht anders. Auch wenn unser beider Leben irgendwann in völlig anderen Bahnen verlief, blieb sie für mich eine Instanz, ein Anlaufpunkt und ein traditionelles Zuhause. Immerhin wohnte sie ohne Unterbrechung vom Anfang ihrer Tage bis zum Ende in dem Haus, das mein Großvater 1912 bauen ließ und in dem ich 32 Jahre später geboren wurde. Sie hatte einen guten Geschmack, den sie allerdings anderen gnadenlos aufoktroyierte. Einen anderen guten Geschmack gab's bei ihr nicht. Ihre Küche hat mich als Genießer und später auch als Koch sehr geprägt und inspiriert. Trotz mancher Meinungsverschiedenheiten habe ich für sie immer eine tiefe und nicht endende Dankbarkeit empfunden. Ich habe viel geweint, als sie nach kurzer Krankheit in diesem Frühjahr starb. Der Tod verbindet manchmal noch mehr als das Leben, und die Trauer nimmt kein Ende. Jetzt wohnt niemand mehr von meiner Familie in dem Haus, das für vier Generationen unser Zuhause war. Wo Leben und Tod, Krieg und Frieden, Freude und Tränen waren.

Um auf den Friedhof in Eisenberg zu kommen, biegt man kurz nach dem Ortseingang links ab. Als ich mit meinen Kindern zur Beerdigung meiner Schwester nach Eisenberg fuhr, bin ich geradeaus gefahren, den Weg zum Haus, in dem sie bis vor wenigen Wochen noch lebte. Ich fuhr laut weinend am Haus vorbei und wendete dann auf dem Schützenplatz in Richtung Friedhof. Die Navigationsstimme in meinem Auto nenne ich seit vielen Jahren Ursel, nach dem Vornamen meiner Schwester. Sie sagt mir, wo's langgeht, auch wenn sie manch neue Straße nicht kennt.

LETZTES WORT

Es gibt Leser, die fangen beim Lesen eines Buches erstmal von hinten an. Für diese Vorgehensweise habe ich größtes Verständnis. Ich kann allerdings auch nachvollziehen, wenn Sie erst nach der Lektüre dieses Buches auf diese Zeilen gestoßen sind. Falls Sie hier angefangen haben, möchte ich mit diesem Nachwort auf's Vorwort verweisen und versichere Ihnen, dass ich mir auch dazwischen redliche Mühe gegeben habe.

Wie auch immer, ein Glas Spätlese wäre in jedem Falle empfehlenswert, am Anfang, am Schluss oder mittendrin …

SCHWARZKOPF & SCHWARZKOPF

ICH WOLLTE MICH MAL AUSREDEN LASSEN

DAS ERSTE BUCH VON GUNTHER EMMERLICH

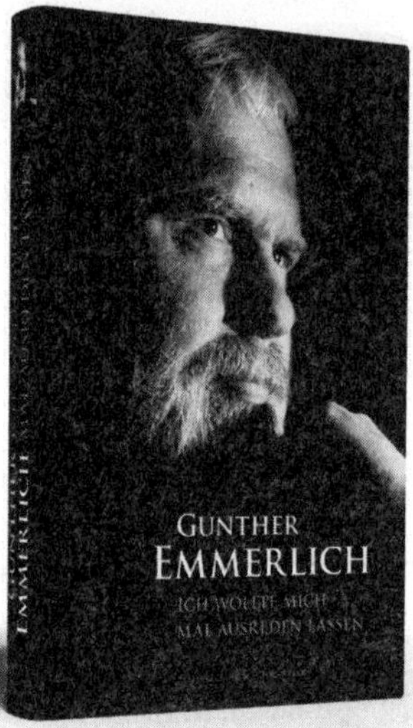

ICH WOLLTE MICH MAL AUSREDEN LASSEN
AUTOBIOGRAPHIE
Von Gunther Emmerlich
208 Seiten, mit einem separaten Bildteil,
Hardcover mit Schutzumschlag
ISBN 978-3-89602-753-5 | Preis 17,90 Euro

In seiner Autobiographie »Ich wollte mich mal ausreden lassen« zeigt sich der Sänger und Moderator gewohnt redegewandt und humorvoll.

Liebevoll, aber nicht unkritisch erinnert er sich an seine Kindheit in Eisenberg in der Nachkriegszeit, wo die Familie auf engstem Raum lebte, und an seine Jugend in der DDR, wo er erste Erfolge auf der Bühne und im Fernsehen verbuchen konnte.

Emmerlich erzählt von seiner Studentenzeit und davon, wie er seine Frau kennenlernte. Aber er schildert auch den Alltag in der DDR und die Schwierigkeiten, denen jemand ausgesetzt war, der im Rampenlicht stand und den Funktionären nicht nach dem Mund redete. Die liebevollen Erinnerungen und Anekdoten geben einen Einblick in das Leben des Vollblutsängers Emmerlich zwischen Bühne und Familie.

WWW.SCHWARZKOPF-SCHWARZKOPF.DE

SCHWARZKOPF & SCHWARZKOPF

ZUGABE: ANEKDOTEN, ANSICHTEN UND ANDERES

DAS ZWEITE BUCH VON GUNTHER EMMERLICH

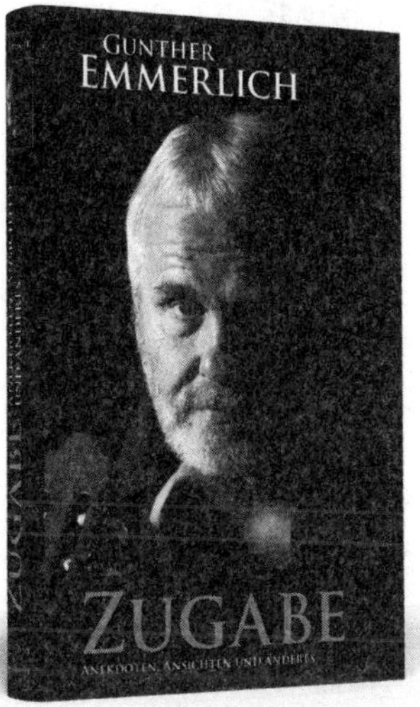

ZUGABE
ANEKDOTEN, ANSICHTEN UND ANDERES
Von Gunther Emmerlich
208 Seiten, mit einem separaten Bildteil,
Hardcover mit Schutzumschlag
ISBN 978 3 89602-949-2 | Preis 17,90 Euro

Schon 2007 hatte Gunther Emmerlich seine Freude am Schreiben entdeckt – und sein Talent dafür. Sein erstes Buch »Ich wollte mich mal ausreden lassen« wurde ein voller Erfolg.

In »Zugabe. Anekdoten, Ansichten und anderes« erzählt Gunther Emmerlich nun mehr aus seinem bewegten Leben: Erlebtes und Gedachtes, Freudiges und Heiteres, Trauriges und Wehmütiges, Denk- und Erinnerungswürdiges. Wie gewohnt erzählfreudig und humorvoll setzt sich der Autor mit den verschiedensten Themen auseinander: mit dem Altwerden und dem Jungbleiben, mit Heimat und Fremde, mit Barkeepern und Gauklern, mit Ritualen und Ungewohntem, mit Fans und Stars, mit Verständlichem und Missverständlichem, mit Familie, Freunden und Schwiegermüttern.

Seine geistreichen Anekdoten sind kenntnisreich, selbstironisch, mit ernstem Anliegen und doch augenzwinkernd.

WWW.SCHWARZKOPF-SCHWARZKOPF.DE

SCHWARZKOPF & SCHWARZKOPF

WISE GUYS

DIE OFFIZIELLE BIOGRAFIE ÜBER
25 JAHRE BAND-GESCHICHTE

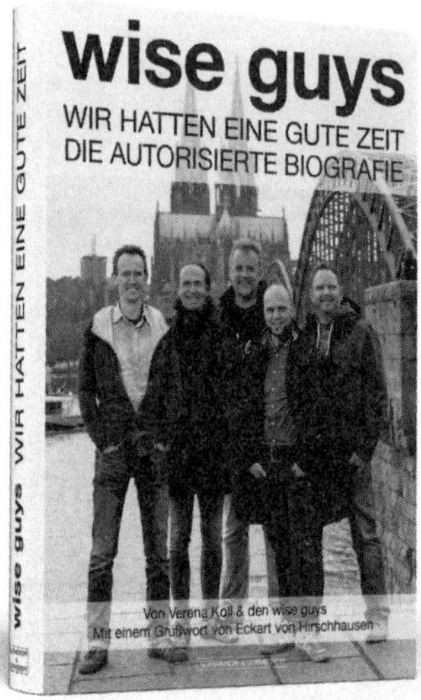

WISE GUYS
WIR HATTEN EINE GUTE ZEIT
DIE AUTORISIERTE BIOGRAFIE
Mit einem Grußwort von Eckart von Hirschhausen
Von Verena Koll & die wise guys
ca. 256 Seiten plus 64 Bildseiten | Gebunden mit Schutzumschlag
ISBN 978-3-86265-581-6 | Preis 19,99 €

25 Jahre Band-Geschichte: Ein Echo. Fünf Goldene Schallplatten. Mehr als 15 Alben (darunter zwei, die von null auf Platz 2 in die deutschen Charts eingestiegen sind). Der Weltrekord für das größte A-cappella-Konzert aller Zeiten.

In vielen Anekdötchen, wie die Kölner das nennen, erzählen die Sänger ihre albernsten, aufregendsten und emotionalsten Momente. Wie eine Lehrerin die Liebe der Jungs zur Musik beflügelt hat, was sie als Straßenmusiker gelernt haben. Aber auch, was in ihnen vorgegangen ist, als sie ihren Mitarbeitern kündigen mussten. Sie beschreiben, warum sie sich trennen und zeigen dazu jede Menge Fotos aus ihren Privatarchiven.

Dazu berichten Zeitzeugen über ihre Erlebnisse mit der Band. Es sind Geschichten zum Lachen und Weinen, zum Mitfiebern und Staunen.

WWW.SCHWARZKOPF-SCHWARZKOPF.DE

SCHWARZKOPF & SCHWARZKOPF

MATULA, HAU MICH RAUS!

CLAUS THEO GÄRTNER ERZÄHLT SEIN LEBEN – DIE HANDSIGNIERTE SONDERAUSGABE, NUMMERIERT UND AUF 3.333 EXEMPLARE LIMITIERT. MIT DEM HÖRBUCH!

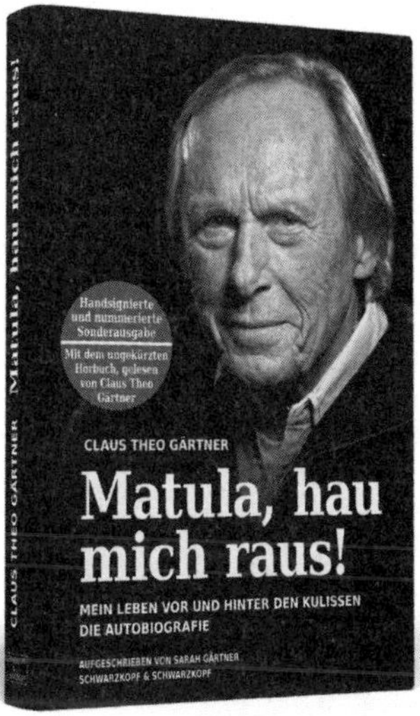

MATULA, HAU MICH RAUS!
Von Claus Theo Gärtner handsignierte Sonderausgabe, nummeriert und auf 3.333 Exemplare limitiert | Mit dem ungekürzten Hörbuch auf einer MP3-CD, gelesen von Claus Theo Gärtner | 288 Seiten
Gebunden mit Schutzumschlag, zwei separate Bildteile
ISBN 978-3-86265-623-3 | Preis 29,99 €

Josef Matula, dieser Name ist den meisten Deutschen ein Begriff. Jeder kennt den kernigen Detektiv in Lederjacke, der beherzt Frankfurts Unterwelt aufmischt, der unbestechlich seinen Prinzipien und seinem Alfa Romeo treu bleibt und der selbst in den brenzligsten Situationen noch Zeit findet für einen markigen Spruch. MATULA ist Kult und lockt seit über 30 Jahren ein Millionenpublikum vor die TV-Bildschirme. Wer aber ist der Mann hinter der Figur? Claus Theo Gärtner, Schauspieler, Rennfahrer und viel gereister Abenteurer, hatte und hat ein bewegtes Leben. In seiner Autobiografie erinnert sich der begnadete Erzähler an die wichtigsten Stationen seiner verblüffenden Karriere – offen, authentisch und mit viel Witz.

Die von Claus Theo Gärtner handsignierte Sonderausgabe mit dem ungekürzten Hörbuch, gelesen von Claus Theo Gärtner.

WWW.SCHWARZKOPF-SCHWARZKOPF.DE

SCHWARZKOPF & SCHWARZKOPF

MEINE TAGE IN GELBEN SOCKEN

DIE AUTOBIOGRAFIE VON MORTEN GRUNWALD, DEM BENNY AUS DER OLSENBANDE – EIN MUSS FÜR ALLE FANS DER SYMPATHISCHEN GANOVEN AUS DÄNEMARK

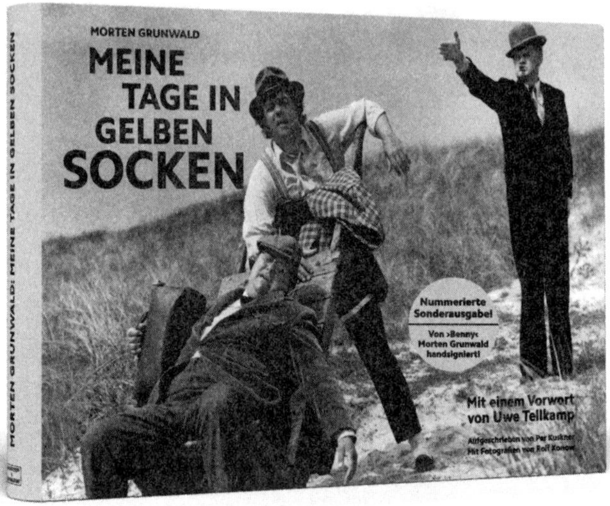

MEINE TAGE IN GELBEN SOCKEN
DIE AUTOBIOGRAFIE VON BENNY AUS DER OLSENBANDE
Von Morten Grunwald
232 Seiten, Gebunden mit Schutzumschlag, durchgened farbig gedruckt
Von Morten Grunwald handsigniert
ISBN 978-3-86265-374-4 | Preis 24,95 €

»Die Olsenbande ist Kult! Von 1968 bis 1981 werden bei Nordisk Film, der ältesten Filmgesellschaft der Welt, 13 Filme mit dem schrägen Ganoventrio gedreht. 1998 kommt noch ein 14. hinzu, Ko-Produzent ist der MDR. 2018 wird sie ihren 50. Geburtstag feiern. Die Zeit bis dahin kann man sich mit MEINE TAGE IN GELBEN SOCKEN von Morten Grunwald verkürzen. Morten wer? Morten Grunwald, besser bekannt als Benny.« *n-tv.de*

»Kariertes Sakko, Schlapphut, zu kurze Hosen, gelbe Socken, dazu sein Markenzeichen, der tänzelnde Gang, und ein ständig loses Mundwerk: Das ist Benny, der große Junge und Spaßvogel des kultigen Ganoven-Trios aus Dänemark. Nun hat dessen Darsteller Morten Grunwald eine Autobiografie vorgelegt, in der er sich an diese für ihn großartige Zeit erinnert.«
Melodie & Rhythmus

WWW.SCHWARZKOPF-SCHWARZKOPF.DE

SCHWARZKOPF & SCHWARZKOPF

MK BILDERBUCH

DER PRACHTVOLLE BILDBAND MIT ÜBER 1000 BILDERN –
PERSÖNLICH AUSGESUCHT UND KOMMENTIERT VON MANFRED KRUG

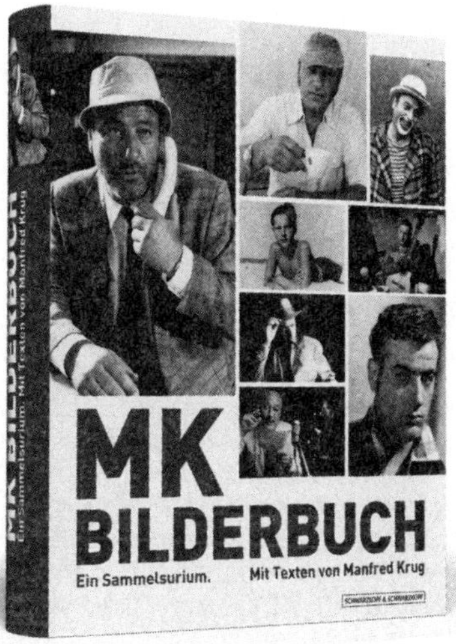

MK BILDERBUCH – EIN SAMMELSURIUM
MIT TEXTEN VON MANFRED KRUG
Herausgegeben von Krista Maria Schädlich. Handsigniert von Manfred Krug. 344 Seiten, ca. 1.000 s/w- und farbige Abbildungen. Premium-Hardcover im Format 24 x 30 cm
ISBN 978-3-86265 106 1 | Preis 69,95 €

»Das handsignierte ›MK Bilderbuch‹ ist ein prachtvolles Erinnerungsalbum eines der ganz wenigen gesamtdeutschen Stars. Eine spannende und vergnügliche Reise durch ein wild bewegtes Künstlerleben.« Stern

»›MK Bilderbuch‹ zeigt fast tausend schöne alte Fotos und schafft ganz Erstaunliches: Es erzählt in handlichen Zehn- und Zwanzigzeilern mit literarischem Format, aber in prägnanter Kürze aus dem Leben von Manfred Krug – geistreich, witzig, pointiert, selbstironisch und gescheit.«
Berliner Zeitung / Frankfurter Rundschau

»In diesem prächtigen Bilderbuch blättert man vergnügt durch ein vielfältiges Schauspielerleben, und die Texte lesen sich, als höre man Krugs Stimme dazu.«
süddeutsche.de

WWW.SCHWARZKOPF-SCHWARZKOPF.DE

Gunther Emmerlich
SPÄTLESE
Eine Rücksicht ohne Vorsicht

ISBN 978-3-86265-624-0
© bei Schwarzkopf & Schwarzkopf Verlag GmbH, 2016
Zweite Auflage Januar 2017
Alle Rechte vorbehalten. Dieses Werk ist urheberrechtlich geschützt. Jede Verwendung, die über den Rahmen des Zitatrechtes bei korrekter und vollständiger Quellenangabe hinausgeht, ist honorarpflichtig und bedarf der schriftlichen Genehmigung des Verlages.

Bildnachweis
Titelbild auf dem Umschlag: © Sebastian Matthäus | **Bildteil:** Seite I: © Arne Wesenberg; Seite IV unten: © Karl Graf zu Castell-Rüdenhausen (KCR-Foto); Seite V links oben: © Schneider-Press; Seite V rechts oben: © Wolfram Jürgen Mehl; Seite V zweite Reihe von oben, rechtes Bild: © Karl Graf zu Castell-Rüdenhausen (KCR-Foto); Seite V unten: © Peter Bischoff; Seite VI zweite Reihe von oben, linkes Bild: © Peter Bischoff; Seite VI links unten: © Presseteam Thomas & Thomas, Seite VI rechts unten: © Peter Bischoff; Seite VII, links oben: © Wolfram Jürgen Mehl; Seiten VIII-IX: alle Fotos © Matthias Creutziger; Seite XII: © Matthias Creutziger, Seite XIV, erste Reihe von oben, rechtes Bild: © Nobel press; Seite XIV, zweite Reihe von oben, linkes Bild: © Nobel press; Seite XIV, zweite Reihe von oben, rechtes Bild: © Peter Bischoff; Seite XV, rechts oben: © hgm-press | Alle anderen Bilder des Bildteils stammen aus dem Privatarchiv des Autors.

Verlag und Autor danken Klaus Bender und dem Frieling-Verlag Berlin für die Genehmigung zum Abdruck seiner Limericks und Schüttelverse im Anhang zu Kapitel 13: »Geschüttelt und nicht gerührt«.

Katalog
Wir senden Ihnen gern kostenlos unseren Katalog
Schwarzkopf & Schwarzkopf Verlag GmbH / Abt. Service
Kastanienallee 32 | 10435 Berlin
Telefon: 030 – 44 33 63 00 | Fax: 030 – 44 33 63 044

Internet | E-Mail
www.schwarzkopf-schwarzkopf.de
www.facebook.com/schwarzkopfverlag
info@schwarzkopf-schwarzkopf.de